La psychanalyse expliquée aux managers

Groupe Eyrolles
61, bd Saint-Germain
75240 Paris cedex 05

www.editions-eyrolles.com

Avec la collaboration d'Anaïs Petit

Roland BRUNNER

La psychanalyse expliquée aux managers

Deuxième édition

EYROLLES

À Manuela

SOMMAIRE

© Groupe Eyrolles

INTRODUCTION

Cet ouvrage s'adresse aux managers, DRH, consultants, coachs, psychologues du travail, médecins du travail et, dans le monde des entreprises, à toutes personnes impliquées dans le champ relationnel. Il s'adresse à des professionnels généralement peu au fait de la psychologie clinique, de la psychopathologie ou de la psychiatrie – professionnels souvent désemparés devant des difficultés de management, des problèmes de communication, des conflits de personnes, des cas de harcèlement moral ou sexuel. Le style de management, c'est aussi une affaire de personnalité – de « structure psychique », disent les psychanalystes.

Ainsi, notre propos sera de présenter sommairement les cinq structures de base envisagées par la théorie psychanalytique (structures hystérique, obsessionnelle, limite ou narcissique, perverse et psychotique), ainsi que leurs éventuelles conséquences dans l'entreprise. Notre propos sera aussi une invitation à avoir un autre regard sur tous les événements humains qui font l'ordinaire des entreprises. S'il n'est pas question de transformer le professionnel du management ou des RH en psychanalyste ou en psychiatre, il s'agit cependant de l'inviter à consulter éventuellement un superviseur, pour l'aider à régler une difficulté avec doigté, courtoisie et surtout efficacité. Apporter des éléments de connaissance, affiner le regard, la sensibilité et le sens « clinique » du professionnel de la relation sera notre objectif.

Si le manager n'est pas un psy, cela ne l'empêche pas d'exercer son sens « clinique », dans son intérêt, dans celui des protagonistes en cause et dans celui de son entreprise.

Nous donnerons par ailleurs quelques éléments sommaires en psychiatrie, utiles notamment à des médecins du travail, généralement pas ou trop peu formés à cette discipline médicale.

Enfin, par souci de simplification, nous prendrons le mot « entreprise » au sens du terme sociologique d'organisation, dans la mesure où ce que nous développons ici est valable pour toute organisation : administration, syndicat et parti politique, école, armée, etc.

CHAPITRE 1

Qui suis-je ?

1. La vie est un théâtre

« Qui suis-je ? » Qui ne s'est pas posé au moins une fois cette question dans sa vie ? « Qui suis-je ? » c'est la question du moi qui est posée ici. Le moi, c'est ce que nous croyons être, c'est la représentation que nous avons de nous-mêmes, c'est notre miroir intérieur. Instance imaginaire, notre moi est une illusion, un masque de théâtre, où l'on se prend pour ce qu'on croit être... Alors, le moi des uns et des autres correspondrai-t-il à des types de personnalité ? Vieille question...

Les classifications de types de personnalité abondent depuis l'Antiquité. Qu'on se reporte, par exemple, à la classification des tempéraments d'Hippocrate : sanguin, lymphatique, bilieux et atrabilaire. Ces quatre tempéraments ont été repris par Galien, médecin de gladiateurs et de l'empereur Marc Aurèle, sous la dénomination de sanguin, flegmatique, colérique et mélancolique. Hippocrate et Galien domineront la « psychologie » jusqu'au Moyen Âge et seront à l'origine, par la suite, de tout le courant de pensée théorique sur la personnalité – courant de pensée dont s'écartera la psychanalyse.

La faiblesse de ces classifications réside généralement dans le fait qu'elles se font à partir de types de comportement – faiblesse grave, car le même type de comportement chez deux personnes différentes peut masquer des problématiques subjectives radicalement opposées. Par exemple, un mode de présentation obsessionnel peut se rencontrer bien entendu chez un sujet de structure obsessionnelle mais parfois aussi chez un sujet de structure hystérique dans sa stratégie virile (cf. Chapitre 3.4). Dans l'immédiat, et pour faire simple, soulignons que la psychanalyse repère cinq structures psychiques de base : deux structures névrotiques (structure hystérique et obsessionnelle), une structure limite (ou narcissique), une structure perverse et une structure psychotique.

Dans la réalité, dans la vie sociale, dans le monde des entreprises, la structure psychique détermine plus ou moins un style de management, en fonction de la question fondamentale que se pose l'individu, celle de sa structure. « Suis-je un homme ou une femme ? » se demande l'hystérique (cf. Chapitre 3). « Suis-je mort ou vivant ? » se demande l'obsessionnel (cf. Chapitre 4). « Puis-je fuir mon angoisse ? » se demande le sujet narcissique (cf. Chapitre 5). « Puis-je jouir ? » se demande le pervers (cf. Chapitre 6). « Est-ce que j'existe ? » se demande le psychotique (cf. Chapitre 7).

La structure psychique de l'individu ne se définit donc pas par rapport à un type de comportement, qui est souvent trompeur, mais par rapport à une question fondamentale que le sujet se pose généralement à son insu. À titre d'exemple, un sujet de structure hystérique affiche souvent un comportement que l'on pourrait qualifier de pervers, même s'il n'est pas de structure perverse. En effet, sa principale question concerne la différence des sexes et non celle de la jouissance, certes présente, mais secondaire.

Comme nous pouvons le constater, les choses sont complexes. Patience, ces choses de l'esprit se révéleront peu à peu au cours de notre propos. Et il sera toujours possible de se reporter à la partie « Synthèse », à la fin de cet ouvrage, en cas de difficulté de compréhension.

C'est bien à une représentation théâtrale à laquelle nous sommes conviés, dans le monde des entreprises, où chacun joue son rôle en fonction du masque de sa structure psychique. Et d'ailleurs ne le savions-nous pas depuis longtemps ? La vie est un théâtre !

2. Il y a névrose et névroses...

Névrose, perversion, psychose... Pour des raisons historiques, la psychanalyse a emprunté de nombreux termes au vocabulaire psychiatrique – ce qui peut prêter à confusion car les mêmes mots ne désignent pas la même chose en psychanalyse et en psychiatrie. Ainsi, en psychanalyse, on ne parlera pas de « maladie » névrotique, perverse ou psychotique mais de « structure » névrotique, perverse ou psychotique. Il faut bien garder cette notion à l'esprit : une « structure » n'est pas une « maladie ».

Qu'est-ce qu'une « structure psychique » ? Cette expression, que nous devons à Jacques Lacan, désigne un type de personnalité, dans le langage courant. Une « structure psychique » n'est pas une maladie mentale. Ainsi, pour le psychanalyste, la structure névrotique est la structure de la « normalité ». Cette structure névrotique se différenciera en deux « sous-structures » : la structure hystérique, qui est la structure du féminin (cf. Chapitre 3) et la structure obsessionnelle qui est la structure du masculin (cf. Chapitre 4). Ainsi, pour un psychanalyste, qualifier un patient d'hystérique n'est ni une injure, ni le diagnostic d'une maladie mentale, mais souligne le fait que cette personne (généralement une femme, mais de plus en plus souvent un homme) s'interroge sur son identité sexuelle.

La façon dont le sujet réussit ou non à résoudre son complexe d'Œdipe le fait entrer dans l'une des cinq structures de base : la structure névrotique (hystérique ou obsessionnelle), la structure limite ou narcissique (contestée par certains analystes), la structure perverse et la structure psychotique. Chacune de ces structures fera l'objet d'un développement ultérieur (cf. Chapitres 2 à 7). Signalons

5

d'ores et déjà que chaque structure est définitive. À l'adolescence, les jeux sont faits : une fois entré dans une structure le sujet y demeure jusqu'à la fin de ses jours – sauf pour la structure limite, où une évolution vers la névrose, la perversion ou la psychose est toujours possible... tout dépend du pôle dominant. On ne peut donc, en principe, passer d'une structure à une autre. Le névrosé, par exemple, ne peut pas devenir pervers, quand bien même voudrait-il jouir comme le pervers, car son surmoi, l'instance morale, l'en empêche. Quant au pervers, il ne peut devenir névrosé car sa préoccupation essentielle est de jouir.

C'est la résolution du complexe d'Œdipe qui va faire entrer le sujet dans la « normalité » (cf. Chapitre 2) qui est constituée par la structure névrotique. Par résolution du complexe d'Œdipe, il faut entendre le refoulement (« l'oubli ») des sentiments incestueux et le « choix » d'un « sexe » psychique : être un homme ou être une femme ; c'est-à-dire être de structure obsessionnelle ou de structure hystérique. Tout se complique lorsque le choix du sexe psychique ne correspond pas au sexe physique. Il en va ainsi chez les êtres humains, l'anatomie n'est pas le destin... L'énigme de l'homosexualité hystérique chez l'homme en est bien la preuve. Ces considérations nous conduisent à la délicate question de l'hystérie féminine sur un pôle viril (cf. Chapitre 3.4) et de l'hystérie masculine dans les entreprises (cf. Chapitre 3.6).

Et s'il arrive que l'individu décompense dans la maladie mentale – à la suite par exemple d'un facteur déclenchant (deuil, rupture amoureuse, licenciement, mise à la retraite, accident, maladie grave, etc.) –, cette décompensation ne peut se faire que dans les pathologies mentales qui correspondent à sa structure. Ainsi, une personne de structure hystérique ne pourra décompenser que dans une dépression névrotique, une névrose d'angoisse, une névrose phobique ou une névrose hystérique (cf. Chapitre 3.10). Ces névroses sont à prendre au sérieux, mais ne représentent pas, en principe, de caractère de gravité. Jamais le sujet de structure hystérique ne décompensera dans une psychose, une paranoïa ou une schizophrénie par exemple (cf. Chapitre 7.4), ce qui est heureux car les psychoses constituent les maladies les plus graves en psychiatrie.

D'autre part, chaque structure psychique a sa spécificité. On ne jouit pas, on ne désire pas, on n'aime pas de la même manière suivant que l'on est de structure névrotique, perverse ou psychotique. On n'a pas le même rapport à l'identité, à la réalité et à l'angoisse. On ne va pas avoir la même stratégie sexuelle, amoureuse, affective et professionnelle. On ne va pas se situer de la même façon par rapport à la société, à l'entreprise, aux lois et au droit, etc. Ainsi, la structure psychique détermine largement le style de management des dirigeants dans les organisations et les entreprises – distinctions qui seront abordées ultérieurement.

La structure psychique est un peu un « tatouage psychique », indélébile... Toutefois, si l'individu ne peut changer de structure psychique, il lui est possible d'en arrondir les angles, sous réserve qu'il soit sur un registre névrotique, c'est-à-dire normal. « Obsessionnaliser » l'hystérique ou « hystériser » l'obsessionnel, c'est ce à quoi s'emploie une cure psychanalytique (ou, plus modestement, un coaching d'inspiration analytique, pour un manager qui ne voudrait pas se lancer dans le seul « challenge » qui en vaille la peine : connaître son désir). Mission impossible pourtant pour le pervers ou le psychotique, considérés classiquement comme inanalysables.

Quelle que soit sa structure, le sujet a un inconscient qui va lui jouer bien des tours, pour le meilleur (réussite personnelle ou professionnelle) et pour le pire (échecs à répétition ou maladie mentale plus ou moins grave). Le manager – qui, comme tout un chacun a un inconscient –, n'échappe pas à cette règle, ni au destin de ses pulsions et de ses désirs.

Une précision pour terminer : l'inconscient se travaille, il ne se manage pas... Il échappe à tout objectif, à tout projet de vie, à tout *business plan*. Combien de managers, qui avaient tout pour réussir, bonne famille, bonnes études, avenir tout tracé, se sont retrouvés dans une stratégie d'échec exemplaire, que les psychanalystes appellent « psycho-pathologie de l'échec ». Dans la psychopathologie de l'échec, le sujet a peur de réussir et préfère échouer. En effet, la réussite fait jouir, mais on n'y a pas tout à fait droit lorsqu'elle est inconsciemment associée à une jouissance incestuelle interdite et mal refoulée.

CHAPITRE 2

Suis-je normal ?

1. Tous névrosés !

« Suis-je normal ? » serait la question centrale du sujet de structure névrotique. Vous avez dit névrose ?

En psychiatrie, les névroses forment une famille de maladies mentales plus ou moins graves : névrose d'angoisse, névrose phobique, névrose hystérique, névrose obsessionnelle, dépression névrotique, névrose traumatique. Elles se manifestent toujours chez un sujet de structure névrotique, ce qui n'a rien de surprenant. L'entreprise est souvent un facteur déclenchant de ces maladies : angoisse face à un supérieur hiérarchique pervers, phobie sociale dans les relations de travail, troubles hystériques à la suite d'une histoire « d'amour » mal vécue avec un collègue, troubles obsessionnels du perfectionniste, dépression à la suite d'un licenciement ou d'une mise à la retraite, traumatisme après un accident du travail, etc. Ce ne sont que des exemples, car bien d'autres situations de travail peuvent être à l'origine de ces maladies de la névrose.

Toutefois, en psychanalyse, la structure névrotique n'est pas la maladie. Mieux, elle est la structure de la « normalité », tant sur le versant de la structure hystérique que sur celui de la structure obsessionnelle. Elle implique que l'individu a intériorisé l'idée de Loi, les interdits majeurs (prohibition de l'inceste, du meurtre et du cannibalisme) et accessoirement les lois de la République, dans une instance psychique que l'on appelle le « surmoi ». De ce point de vue-là, on peut donc souhaiter à chaque manager d'être « névrosé », au sens psychanalytique du terme...

2. Dr Jekyll et Mr. Hyde

Qu'est-ce que le surmoi ? Le surmoi est, pour le sujet, l'instance éthique, l'instance morale, la grosse voix, le « maître intérieur » dont parle saint Augustin… instance morale absente chez le pervers ou le psychotique. Le surmoi a donc pour fonction de réprimer les pulsions (pulsion sexuelle et pulsion de mort, notamment). Ainsi, la société et ses lois sont donc bien fondées sur une communauté de névrosés – même si cette terminologie résonne étrangement à nos oreilles –, car il ne peut y avoir de lien social pervers ou psychotique. La loi et les règlements font nécessairement écho dans le surmoi du névrosé, ce surmoi qui lui permet de lutter contre ses instincts en renonçant (grâce au principal mécanisme de défense contre l'angoisse : le refoulement) à une partie de ses pulsions et en lui permettant d'avoir des rapports pacifiques avec l'autre, le groupe et la société. Et si d'aventure le névrosé enfreint la loi, son surmoi tire la sonnette d'alarme en lui infligeant une « secousse électrique », synonyme de sentiment d'angoisse et de culpabilité.

Quelques mots sur le refoulement, ce gendarme du surmoi. C'est lui qui envoie en prison (l'inconscient refoulé) les désirs interdits et les actes répréhensibles de l'individu. Le refoulement n'est cependant jamais parfait, et le désir tente de revenir à la conscience dans les rêves, les fantasmes, les actes manqués et les symptômes névrotiques. On appelle ces divers phénomènes les « formations de l'inconscient » ou les « formations de compromis ».

Pour continuer à utiliser encore quelques termes psychanalytiques, disons que le surmoi est toujours dans un conflit plus ou moins ouvert, plus ou moins larvé avec le « ça ». Le ça est l'instance de la pulsion et de la jouissance, instance amorale par nature. La lutte entre le ça et le surmoi, c'est la lutte entre le Dr Jekyll et Mr. Hyde. Surmoi et ça s'affrontent de façon impitoyable, sans merci, de façon anxiogène et pour tout dire sans issue pour l'individu. Notre moi, l'instance de notre identité, doit donc, on l'aura compris, servir deux maîtres à la fois. Il est sommé de prendre parti pour l'un des deux belligérants. Entre le surmoi et le ça, il ne peut y avoir tout au plus qu'un cessez-le-feu, mais la paix, jamais ! Et c'est un surmoi trop sévère qui provoquera chez certaines personnes l'entrée dans la maladie névrotique, cette fois-ci au sens psychiatrique du terme (cf. Synthèse).

3. L'amour et l'amitié

L'amour génital est la forme de l'amour à laquelle parviendrait le sujet au terme de son développement psychosexuel en quatre stades : oral, anal, phallique et génital. Dans le stade oral, le nourrisson trouve essentiellement son plaisir par la bouche, dans la succion et l'alimentation. Dans le stade anal, entre 2 et 4 ans, l'enfant prend essentiellement son plaisir par l'anus et la défécation. Dans le stade phallique, entre 3 et 6 ans, les pulsions de l'enfant s'organisent autour du pénis et du vagin. Le stade génital est l'aboutissement d'une sexualité dite « normale », c'est-à-dire adulte.

Ces différents stades de la sexualité vont en partie déterminer le psychisme de l'individu.

Il convient de souligner que le sujet de structure perverse n'a pas atteint, contrairement à celui de structure névrotique, le stade génital – c'est-à-dire l'accès au désir, à l'amour, à l'amitié et à la vie sociale. Si amour et amitié ne viennent pas du même robinet, ils viennent du même tonneau, celui de la libido. La structure névrotique suppose une libido d'objet (amour et amitié) suffisamment importante par rapport à la libido narcissique (amour tourné vers soi-même).

Ainsi, s'il ne peut y avoir de société perverse ou psychotique, si le lien social dans une entreprise doit toujours avoir un minimum d'imaginaire et *d'affectio societatis*, il ne pourrait y avoir de management fondé sur la perversion ou la psychose ? Sans doute, mais il se trouve que le manager est parfois de structure perverse ou psychotique, au détriment de ses collaborateurs, de son entreprise et de lui-même…

Chapitre 3

Suis-je un homme
ou une femme ?

1. L'éternel féminin

« Suis-je un homme ou une femme ? » C'est la question de l'hystérique. La structure hystérique, ce n'est pas la pathologie antique à propos de laquelle on pensait que l'utérus (d'où l'étymologie du mot) se promenait dans le corps de la femme, ce n'est pas une maladie psychiatrique ; ce n'est pas non plus une insulte. L'hystérie est, pour nous psychanalystes, une forme de la structure névrotique, donc une forme de la « normalité » de l'individu. En un mot, l'hystérie est la structure du féminin. La structure du féminin et non des femmes. En effet, les hommes aussi peuvent être de structure hystérique, et de nos jours, ils sont de plus en plus nombreux.

Reconnaissons toutefois que la structure hystérique se retrouve en majorité chez les femmes. Quelles sont les caractéristiques de la personne hystérique ? Classiquement la personne hystérique se caractérise essentiellement par l'histrionisme, c'est-à-dire la théâtralité du comportement, le besoin d'attirer l'attention sur soi et de séduire l'entourage, l'exhibitionnisme, la force émotionnelle, l'érotisation des rapports sociaux et de travail, la recherche de l'amour de l'autre et l'insatisfaction. Pensez à ces hommes dans l'entreprise, ravis ou excédés par les manœuvres de séduction de leurs collègues femmes. La personne hystérique est ainsi particulièrement influençable et facilement hypnotisable. Bien entendu, ces traits vont être plus ou moins marqués d'un individu à l'autre.

On sait ce que doit la psychanalyse à l'étude de l'hystérie. Fasciné par sa très jeune mère, par les comédiennes de théâtre, par les patientes hystériques lors des présentations de malades du docteur Jean Martin Charcot à l'hôpital de la

17

Salpêtrière et par ses premières patientes, Sigmund Freud inventera cette méthode de soin des maladies névrotiques : la psychanalyse. Pourtant, l'hystérie gardera pour Freud en partie ses mystères. Ne dit-il pas en effet que les femmes sont le « continent noir » de l'Humanité ?

L'hystérie, la moitié du ciel ! Un monde sans hystérique serait un ciel sans oiseau. Et puis n'oublions pas que « l'Éternel féminin nous attire en haut » (Goethe, *Le Second Faust*).

2. Séduire !

L'histrionisme, l'exhibitionnisme et les stratégies de séduction sont les spécificités les plus frappantes de l'hystérie. Tout est mis en œuvre pour attirer l'attention, plaire et séduire, dans la vie de tous les jours comme dans l'entreprise. Le sujet hystérique redoute avant tout de passer inaperçu. Et dans son besoin de paraître, il utilise les procédés et les artifices habituels du monde du spectacle. Le monde de l'entreprise lui offre de plus en plus à ce titre une scène de théâtre de choix… Afficher un personnage, jouer un rôle, répond pour l'hystérique à une nécessité impérieuse, celle d'éviter une rencontre authentique avec autrui. Derrière les déguisements qui le masquent à travers la multiplicité des personnages qu'elle emprunte (Lacan parle de « mascarade féminine », qu'il oppose au « comique viril »), la personne hystérique ne se laisse pas connaître. C'est parce qu'elle n'a pas pu se forger une histoire qui lui soit authentiquement personnelle, ni une identité qui lui soit propre, que la personne hystérique est amenée à vivre par substitution l'existence d'autrui. Rien n'est pire pour l'hystérique que la rupture de cette relation à l'autre, de laquelle lui vient le sentiment d'existence : la personne hystérique est alors renvoyée à une solitude insupportable, dont elle cherche à se sortir en s'engageant dans une nouvelle relation amoureuse, aussi totalement et aussi frénétiquement que dans la précédente. Ceci explique l'impression de versatilité et d'insécurité qu'elle donne généralement. Encore qu'elle proteste de l'authenticité de ses sentiments et, dans l'instant, elle a raison…

Le comportement de séduction qui caractérise la personne hystérique lui confère une valorisation narcissique permanente, tout en lui permettant de se maintenir à distance. Elle

19

affiche, si c'est une femme, une hyperféminité qui lui permet de se cacher à elle-même et de dissimuler à autrui son absence réelle de féminité. Son refus profond d'être une femme, les attitudes de coquetterie sont autant de feintes propres à dérouter « l'adversaire », que laisse désarçonné un retrait ou une fuite dont elle se glorifie. Qu'elle nie en bloc tout besoin de l'homme, ou qu'elle démontre dans un couple pathologique l'incapacité de son partenaire à la faire jouir, l'hystérique se présente comme celle qui sera toujours déçue, qui contestera toujours à l'homme sa capacité de la combler, c'est-à-dire sa virilité. Le supérieur hiérarchique, adulé au début, mis à la place du « maître » décevra nécessairement avec le temps… Qu'on relise ici *Madame Bovary* de Gustave Flaubert. Qu'on relise aussi *Le Héron,* la fable de Jean de La Fontaine. Pour la femme hystérique, le compagnon ou le mari a toujours un défaut, ce n'est jamais le bon partenaire : l'homme idéal est ailleurs, et toujours à venir. La femme hystérique est une éternelle Belle au bois dormant, qui attend le Prince charmant, condamnée à cet éternel sommeil dans l'espoir de cet homme idéal, qui ne viendra jamais. D'une façon générale, pour la femme hystérique, l'amant, le mari ou le supérieur hiérarchique ne sont jamais à la hauteur. Ils ont toujours un défaut… celui de ne jamais convenir. Pour la femme hystérique : « Y'a plus d'hommes… »

3. Rebelle !

Le refoulement, le principal mécanisme de défense contre l'angoisse, permet au sujet de structure névrotique (par conséquent à la personne hystérique) « d'oublier » les désirs et les actes interdits par l'instance morale, le surmoi. Grâce au refoulement, ce qui est « oublié » va être remisé dans l'inconscient. L'hystérique aura particulièrement tendance à oublier des moments de jouissance que son surmoi considérera comme menaçants. Les difficultés de résolution du complexe d'Œdipe ont également laissé une ambiguïté dans l'identification au père ou à la mère. Les tendances à l'identification féminine chez l'homme, à l'identification masculine chez la femme sont fortement refoulées, mais restent très actives, d'où des troubles de la sexualité dans la pathologie (cf. Chapitre 3.10). L'hystérique est rebelle à son sexe anatomique. « Suis-je un homme ou une femme ? » se demande la personne hystérique. Nous ferons quelques commentaires sur cette question fondamentale un peu plus tard.

Rebelle aussi à la Loi ! Dans son rapport à la loi, la personne hystérique a fait de la transgression un art de vivre. Elle n'en fait qu'à sa tête. L'hystérique est rebelle, quel que soit le contenu de la loi. Ce que recherche l'hystérique, c'est, nous l'avons vu, l'amour de l'autre. Et si elle enfreint la loi, c'est pour savoir si l'autre qui incarne la Loi (son supérieur hiérarchique, par exemple), si l'autre donc continue à l'aimer malgré tout, malgré ses frasques. Frasques, qui vont souvent de pair avec une attitude de séduction, car l'hystérique n'a pas son pareil pour transgresser avec le sourire…

Par ailleurs, le désir doit rester en suspens. Toute jouissance est suspecte d'être interdite par le surmoi, ce qui conduit la personne hystérique à des stratégies de frustration, aussi bien dans sa vie sexuelle que dans sa vie affective ou professionnelle. Les stratégies d'échec sur le plan affectif et professionnel constituent l'ordinaire chez l'hystérique. La « psychopathologie de l'échec », comme l'appellent les psychanalystes, concerne souvent l'hystérique. Une réussite amoureuse, une réussite professionnelle, et l'hystérique pense « Non je serais trop content(e) », car la jouissance de la réussite fait trop écho à la jouissance incestueuse, interdite mais mal refoulée.

4. Homme ou femme ?

« Suis-je un homme ou suis-je une femme ? » se demande la personne hystérique, et la réponse ne relève évidemment pas de l'anatomie. Qu'on le déplore ou qu'on s'en réjouisse, l'histoire de l'humanité a été essentiellement écrite par les hommes jusqu'au XXe siècle. Les noms de femmes sont rares dans les livres d'histoire, et s'il y a des reines, c'est par défaut. Pour les femmes, qui ont vécu pendant des milliers d'années dans l'ombre de l'humanité, écartées des postes de pouvoir dans la société et les organisations, il y a de quoi protester ! C'est la protestation virile de la femme dont parle S. Freud. La petite différence a fait la grande différence… mais les temps changent. Aux reines succèdent maintenant des femmes Premier ministre et des femmes P.-D.G. Par ailleurs, la différence entre les hommes et les femmes n'implique pas en soi la domination d'un sexe sur l'autre. Différence n'est pas nécessairement synonyme de dominance…

Suis-je un homme ou une femme ? La femme hystérique oscille entre un pôle féminin et un pôle masculin, c'est-à-dire, avoir ou ne pas avoir le phallus. Le phallus, c'est le signifiant de l'objet du désir, et l'objet du désir peut être un nom, un titre, un diplôme, le pouvoir, l'argent, un enfant, une voiture de sport rouge, enfin quelque chose qui « brille » et qui a de la valeur. Les femmes (hystériques) ont deux façons de l'avoir ce phallus. De l'avoir ? Disons plutôt de croire l'avoir, car personne ne l'a ce Saint-Graal, ni les hommes ni les femmes. Et les hommes, faute de phallus, doivent se contenter de leur pénis, mais ça, ils ne le savent pas…

La première stratégie de la femme hystérique est historiquement classique. Appelons-la la « stratégie féminine ». Puisque je ne peux pas avoir le phallus en ayant une place de pouvoir dans la société et l'entreprise, je vais demander le phallus à ceux qui l'ont : les hommes. La femme hystérique cherche son maître, un maître qui a le phallus, mais qui, en fin de compte, doit être défaillant. Et ils vont le lui donner ce phallus. Ils vont le lui donner sous la forme d'un enfant. Comment attirer leur attention ? Mais en se faisant belle et séduisante bien sûr, en se maquillant et en ayant de belles robes. C'est cette hystérie-là, que Freud a surtout rencontrée.

La seconde stratégie, plus moderne et à laquelle nous assistons de plus en plus fréquemment, appelons-la la « stratégie virile » (cf. Chapitre 3.5). Pourquoi aller demander le phallus à ceux qui ont le phallus, les hommes ? Prenons le phallus directement là où il est à prendre, en se confrontant aux hommes, en prenant des postes de responsabilité dans la société et l'entreprise, à côté des hommes, contre les hommes. C'est l'enfant qui passe ici à la trappe comme substitut phallique. Et pourquoi pas, puisqu'aucune loi n'oblige une femme à avoir un enfant… mais encore faut-il faire le deuil de cet enfant.

Les divans d'analystes sont aujourd'hui encombrés par ces femmes qui souffrent parce qu'elles exigent de courir ces deux stratégies et de communier sous les deux espèces à la messe phallique : avoir le pouvoir et avoir l'enfant.

5. La célibattante

Anna, cadre dans une agence de publicité aux Champs-Élysées. Une vie trépidante. Toujours affairée avec des journées de plus de dix heures. Toujours en voyage, toujours entre deux avions : Paris, Londres, New York, Francfort ou Milan. Réunions, conférences, séminaires, hôtels de luxe, repas d'affaires, notes de frais, elle connaît. Jamais le temps de penser vraiment à elle. Un salaire plus que confortable. Pourtant Anna n'est pas heureuse.

Cette vie l'occupe plus qu'elle ne la passionne. Une façon comme une autre de tromper l'ennui, quand les week-ends lui paraissent si longs. Quelques coups de cœur pourtant de temps à autre pour une campagne publicitaire nouvelle, suivi d'un rapide désintérêt. Quand les difficultés dans son travail menacent de la décourager, elle se fait un challenge de les surmonter. Cette apparence de ténacité cache toutefois mal sa velléité profonde, celle de monter sa propre agence. Projet vite abandonné, projet irréaliste, projet sans lendemain, projet mort-né, chimère. Facilité pour les langues et les relations publiques. C'est après avoir remarqué ses dons que son boss lui a proposé un poste envié à New York, un poste qu'elle convoitait depuis longtemps. Le rêve américain ! C'est cette affectation trop attendue, qu'elle a refusée au dernier moment. Elle n'a jamais vraiment bien compris, elle avait renoncé *in extremis*…

Toujours en représentation sur la scène du théâtre de l'entreprise. Ce qu'elle craint par-dessus tout, c'est de passer inaperçue. Art de paraître, élégante, séduisante, elle sait attirer l'attention de ses collègues. Gaie, souriante, d'une bonne humeur communicative, superficielle aussi – elle souffre de ne pas être authentique. Les autres sont comme des miroirs qui la rassurent sur son identité, le temps d'une parole ou d'un regard. Jouissance narcissique fugitive en trompe-l'œil d'un désir jamais comblé.

D'ailleurs, cet univers masculin ne lui déplaît pas et elle sait, à l'occasion, tenir la dragée haute aux hommes. Une vie affective tumultueuse. Mélis-mélos sentimentaux. Des aventures sans lendemain, décevantes, aussi nombreuses qu'éphémères, avec des hommes de son milieu professionnel. Elle commence au début par les trouver brillants, puis les juge rapidement pédants, prétentieux, suffisants, pour tout dire, ennuyeux et médiocres. Quand quelque chose commence à se nouer avec l'un d'eux, elle ne tarde pas à se montrer odieuse et à fuir. Au fond, les hommes la dégoûtent un peu...

Un jour, l'angoisse l'a submergée en pleine réunion de staff. Quelque chose de sourd, de profond, de menaçant. Une souffrance qu'elle ignorait jusqu'alors. Elle s'est éclipsée discrètement. Larmes, nausées, la respiration bloquée, le souffle coupé, la sensation effroyable d'être engloutie par une terre béante à ses pieds. L'appel du néant...

Quelque chose la dépassait, qu'elle ne maîtrisait pas, qu'elle ne comprenait pas. Trop de pensées, trop d'images, trop de choses qui s'entrechoquaient pêle-mêle dans sa tête. Faisait-elle envie ou pitié ? 38 ans, encore célibataire, le Prince charmant qui se faisait attendre... Pas d'homme, pas d'enfant, une vie professionnelle en toc, la conviction de n'avoir rien fait de sa vie. Elle s'était même demandé plusieurs fois si elle était vraiment une femme ! Pourtant elle aime sa liberté et ne se trouve aucune fibre maternelle, et puis il est déjà trop tard. Alors, résignée, elle s'est calmée, elle s'est ressaisie, elle a séché ses larmes, elle s'est recomposée un visage, elle a refait son maquillage, elle a réajusté son tailleur, elle est allée retrouver les autres au briefing. Tout va bien !

On reconnaît bien chez Anna une structure hystérique sur un pôle viril. On peut dire qu'Anna a reçu le phallus sans avoir à le prendre, un peu à son insu, un peu passivement : réussite professionnelle donc. Facilité pour les langues, car l'hystérique apprend la langue de l'autre, la langue de l'étranger, la langue du « maître » pour le séduire. La publicité, métier de communication et des contacts humains, Anna a bien un métier adapté à sa structure psychique. C'est un début de stratégie d'échec, classique dans la structure hystérique, que l'on voit poindre lorsqu'elle refuse un poste désiré à New York ! Par ailleurs, on constate à quel point l'entreprise est utilisée comme une scène de théâtre pour séduire son entourage masculin. Les hommes sont autant de « petits maîtres » qui la déçoivent bien vite… et sur le plan sexuel, pas facile de jouir comme une femme, quand on se prend pour un homme… On comprend en filigrane qu'Anna est frigide… Une crise de panique nous indique qu'elle est en train d'entrer dans la maladie, une névrose d'angoisse (cf. Synthèse). Ce qui l'angoisse ? L'absence de choix entre la réussite professionnelle et l'enfant. Ce qui pose problème dans un choix, ce n'est pas ce que l'on choisit, mais bien ce à quoi on renonce. On se doute bien qu'un poste à temps partiel n'est pas dans la culture d'entreprise d'une agence de publicité, et c'est au deuil d'une réussite professionnelle ou d'un enfant qu'Anna devra s'affronter.

6. L'homme sans sexe

La structure hystérique, qui pose la question de l'identité sexuelle, est, essentiellement, la structure du féminin. On la repère donc chez les femmes, bien entendu, mais elle concerne aussi les hommes, et ceci de plus en plus souvent.

C'est un fait, depuis une vingtaine d'années, l'hystérie masculine explose et s'affiche, alors que, parallèlement, l'hystérie féminine va prendre de plus en plus fréquemment une stratégie virile dans la société et les entreprises.

L'homme hystérique se montre, s'affiche, voire s'exhibe ! Ouvrez les yeux, dans la rue, dans l'entreprise, à la télévision, dans la pub. Homme dans le désir de l'autre, il cherche à séduire. La coupe de cheveux, le corps sont surinvestis, de même que la tenue vestimentaire. Il ne craint pas de porter des couleurs vives. Occupant la salle de bains plus que de raison, parfumé, il est terrorisé à l'idée de vieillir. Dans l'entreprise, c'est l'homme dans la parole et la parlote, c'est l'homme de contact, c'est l'homme dans la communication (cf. Chapitre 3.7). Tout comme chez la femme hystérique, qui a le « choix » entre une stratégie féminine et une stratégie virile, chez l'homme hystérique, on observe le même clivage.

Version « très mâle », on le retrouve en salle de sport, obsédé par les « plaquettes de chocolat », comme les femmes le sont par leur ventre plat. Aveu implicite, par cette affirmation trop musclée, par cette redondance dans son corps, qu'il n'est pas très au clair avec son sexe. L'entreprise sera pour lui une scène de théâtre de choix.

Version « chochotte », c'est l'homme efféminé, l'homme à la maison, l'homme qui aime faire le ménage et la vaisselle, l'homme de goût, l'homme de la « déco ». Ces hommes à structure hystérique font la femme, si l'on ose dire. Ils remplacent le « comique viril » par la « mascarade féminine », selon l'expression de Jacques Lacan, mascarade pouvant aller jusqu'au travestissement. Ce sont eux qui vont renoncer à un poste de responsabilité dans leur entreprise pour se centrer sur leur vie affective et familiale.

« Suis-je un homme ou une femme ? » se demande l'homme hystérique. Cette banale question sans réponse va avoir quelques petites conséquences au niveau de la sexualité. S'il est hétérosexuel, sa sexualité aura toujours une problématique « homosexuelle » plus ou moins marquée : choix d'une épouse ou d'une compagne virile et autoritaire dans son comportement (femme phallique) ou dans son apparence (femme androgyne ou à l'allure de garçon) ou encore dans son statut social (femme ayant des responsabilités dans la société et l'entreprise). Certaines relations hétérosexuelles sont fondamentalement vécues sur un registre homosexuel imaginaire. Ce type de relation permet à l'individu de vivre une homosexualité inconsciente, en faisant l'économie des perturbations psychologiques du passage à l'acte avec un homme. Une femme coiffée à la garçonne, sans poitrine, avec une musculation athlétique, fera par exemple l'affaire… Mais en errance, l'homme hystérique peut être aussi bisexuel. Et plus encore, ayant fait un choix, il peut se définir enfin comme homosexuel en bonne et due forme. Ainsi l'homme hystérique, qu'il soit hétérosexuel, bisexuel ou homosexuel, se confronte toujours à une problématique désirante de nature homosexuelle.

Enfin, pour ces hommes hystériques et homosexuels se pose souvent la question du *coming out* dans leur entreprise. À ce titre, beaucoup d'entreprises de la mode et du luxe ont été qualifiées, par le milieu homosexuel lui-même, de « boîtes à pédés », où peuvent se « réfugier » de jeunes managers homosexuels de talent…

Mais qu'est-ce qui est à l'origine de la structure hystérique chez l'homme ? Dans les familles « traditionnelles », le premier enfant attendu est généralement un garçon, un petit héritier, un petit monsieur qui portera le nom du père. Une fille, oui, pourquoi pas, mais comme second enfant, après l'arrivée du petit prince. La déception d'avoir une fille produisait de l'hystérie féminine, de la protestation virile face à cette « malédiction ». Ce schéma traditionnel, s'il est loin d'être révolu, a toutefois commencé à s'éroder sérieusement. Et chez certains couples dits modernes, branchés ou « bobos », la naissance d'une petite fille n'est pas une catastrophe. Mieux, c'est même souvent une « pisseuse » qui est attendue. Pauvres petits garçons qui n'ont plus la certitude d'être « le petit phallus à sa maman ». Alors il leur faudra attirer plus encore l'attention pour montrer qu'ils existent, il leur faudra charmer et séduire pour avoir l'amour de maman. Est-ce que l'on m'aime quand même, moi le garçon non désiré ? Pire, la déception des parents pourra les inciter à élever leur rejeton de mâle « comme une fille », dans des valeurs qu'il est convenu d'appeler « féminines », comme la sensibilité, la valorisation des relations affectives, l'importance donnée à l'esthétique…

« Suis-je un garçon ou une fille ? » se demande alors le petit garçon féminisé par ses parents. L'homme hystérique s'aperçoit ainsi que ce peut être aussi une « malédiction » que d'avoir un zizi. S'il est bien dans la structure névrotique, c'est l'identification qui aura posé problème à l'homme hystérique. Une identification qui sera essentiellement déterminée par la mère. Le père de l'homme hystérique a souvent été absent, non pas tant physiquement que dans le désir de la mère. On peut bien comprendre qu'un petit garçon n'a pas trop envie de ressembler à un papa, chaque soir affalé dans son fauteuil, devant la télé, à se bâfrer de cacahuètes, ignoré, voire méprisé par la mère… Le père n'étant pas reconnu dans sa virilité par cette mère, c'est à elle que s'adressera le petit « ziziphore » pour lui ressembler. Impasse virile, bien entendu, pour ce petit garçon qui s'adresse à un imposteur, alias sa mère.

Les relations avec les femmes, chez l'homme hystérique, sont toujours problématiques. Il multiplie les conquêtes féminines en vain, ce n'est jamais la bonne. Cependant, à chaque fois, courte ou longue, c'est toujours une histoire d'amour. Casanova, le Vénitien, sera le paradigme historique de cette manière de vivre l'amour, car Casanova n'est pas Don Juan, Don Juan le pervers, n'en déplaise au librettiste de Mozart, Lorenzo da Ponte, qui a pris le modèle de Casanova pour construire Don Juan.

Et puis il y a souvent dans l'univers affectif de l'homme hystérique « la dame ». Il a gardé de son attachement à sa mère une trace indélébile. Et c'est cette nostalgie qui le conduit souvent à entretenir une relation assidue, régulière et platonique avec une vieille dame, une grand-mère, une vieille tante ou tout simplement sa vieille maman qu'il vénère. Parfois, l'investissement amoureux peut se faire sur une femme plus âgée, à qui il est généralement infidèle. Ainsi la mère de l'homme hystérique est mise sur un piédestal, phallique, virilisée !

Bien entendu, et cela n'a rien de surprenant, lorsqu'il bascule dans la maladie mentale, l'homme hystérique aura le « choix » entre les trois maladies de la structure hystérique : névrose d'angoisse, névrose phobique et névrose hystérique (cf. Chapitre 3.10). Et c'est souvent après s'être confronté à une symptomatologie sexuelle (impuissance, éjaculation précoce, dégoût pour le sexe de la femme) que l'homme hystérique, de guerre lasse, ira tenter sa chance avec des hommes…

Que cela plaise ou non, la flambée de l'hystérie masculine, homosexuelle ou non, est devenue un trait fondamental des sociétés contemporaines.

7. « Speed »

Question de temps, gestion du stress, les stages abondent dans les catalogues des officines vendant du « développement personnel ». Cette question de la gestion du temps et du stress ne date pas d'hier, puisqu'il en est déjà question chez les présocratiques. Mais de quel temps s'agit-il ?

C'est parce qu'il a eu un mauvais rapport au temps, qu'Olivier, DG d'une start-up qu'il vient de créer, vient me demander un coaching. Il se dit incapable d'arriver à l'heure à un rendez-vous ou à une réunion, agenda électronique tenu de façon approximative, avions ratés, rendez-vous oubliés, allant souvent jusqu'à prendre plusieurs engagements à la fois. Son assistante et ses collaborateurs directs sont exaspérés par ce laxisme. De plus, il se rend bien compte que son rapport fantaisiste au temps commence à mettre en péril le bon fonctionnement de son entreprise. Alors, il s'est dit qu'il devait faire quelque chose.

Pendant deux premières consultations, il m'explique en long et en large la vie de sa start-up. Il se dit « speed ». Ce n'est qu'à la troisième rencontre qu'il commence à parler de sa mère. Une femme belle et excentrique qu'il idéalise, qui lui ressemble à bien des égards par sa mauvaise habitude de poser des lapins. C'est d'ailleurs le même type de femme exubérante qu'il a pris pour épouse l'année passée… C'est alors avec beaucoup de pudeur et d'hésitation qu'il se met à me parler en rougissant de sa sexualité. Speed, il l'est, oui, puisqu'il finit par m'avouer un problème d'éjaculation précoce qui le gêne lui, mais qui arrange à vrai dire sa jeune épouse, pas très portée sur la chose.

D'un commun accord, nous avons renoncé à la perspective d'un coaching, qui n'aurait fait qu'effleurer sa problématique de « gestion de temps ». Olivier a accepté d'entreprendre une psychanalyse, comme je le lui proposais.

Comme tout homme hystérique, Olivier aime se faire désirer, aime qu'on l'attende, et c'est pour cette raison qu'il est toujours en retard. On comprend que c'est à une mère exubérante qu'Olivier s'est identifié sur un pôle féminin, et c'est un « clone » de sa mère qu'il choisit comme épouse, formant ainsi un couple hétérosexuel « homo », à l'origine du symptôme sexuel.

Sur un autre plan on soulignera ici la nécessité pour un coach de faire l'analyse de la demande de son client et de ne pas lui faire perdre du temps dans un coaching alors que c'est en réalité une psychothérapie qu'il demande. Le prétexte de la gestion du temps est ici un moyen « narcissiquement acceptable » pour demander de l'aide, la vraie question se situant sur le registre de la sexualité.

Coaching ou psychothérapie, le praticien doit souvent choisir en fonction de son analyse de la demande. Ce qui implique de sa part une bonne écoute clinique. Dans le coaching, on se limitera en principe à une demande d'aide dans le domaine professionnel. Dans une psychothérapie, on se concentrera dans les soins donnés à une personne souffrant de troubles psychiques plus ou moins graves. Si la psychanalyse a été historiquement une psychothérapie parmi d'autres, elle a pris, depuis, ses distances par rapport à la médecine, notamment par rapport à la psychiatrie, pour devenir une méthode de connaissance de soi et de son désir. Le coaching serait ainsi à classer plutôt du côté des techniques de développement personnel, consistant à renforcer le moi et son efficacité.

8. Le pervers et l'hystérique

« Suis-je un homme ou une femme ? » se demande l'hystérique. Très curieusement, le pervers pose le problème de la différence des sexes en des termes voisins, mais sa réponse est radicalement différente : la sexuation, la Loi, les lois sociales, c'est bon pour le commun. Pour le pervers, le seul impératif qui existe est celui de la jouissance.

On l'a compris, la victime toute choisie du pervers, c'est l'hystérique, toujours prête à partir en transgression avec notre compère pervers. À ce jeu-là, c'est pourtant toujours le pervers qui est gagnant (cf. Chapitre 6.10). En effet, n'est pas pervers qui veut, et l'hystérique finit par payer sa jouissance à transgresser au prix de la culpabilité. N'oublions pas que l'hystérique, de structure névrotique, doit compter avec le « handicap » de son surmoi. Les phénomènes de harcèlement sexuel, de harcèlement moral dans la vie, dans l'entreprise, doivent se comprendre à partir de ce couple bien connu des psychanalystes, le couple pervers hystérique.

Ce couple pervers hystérique permet de souligner que le sujet de structure névrotique (en particulier l'hystérique) est capable de « perversité » au contact du pervers. Il convient donc de distinguer la « perversité » du névrosé, c'est-à-dire du sujet « normal », de la perversion du pervers. Rien n'est simple…

L'hystérique sera donc sensible aux sirènes de son maître, alias le pervers, dans un marché de dupes. « Fais-moi jouir sans contrainte, sans me soumettre à la différence des sexes, sans me soumettre à la sexualité masculine », demande l'hystérique à son maître magnifique et tout-puissant. « J'ai ce qu'il te faut », lui répond le pervers, en lui proposant les mille et une façons de jouir sans faire l'amour. Cependant, ce que cherche le pervers, c'est ce moment d'angoisse où la jouissance de l'hystérique sera confrontée à son surmoi – car l'hystérique, ne l'oublions pas, est déjà entrée dans la structure névrotique. Si l'hystérique peut jouir comme le pervers, ce sera au prix de la culpabilité et de l'angoisse.

C'est alors que l'hystérique, de complice, devient victime de son compère pervers. Nombre de situations de harcèlement sexuel et de harcèlement moral dans les entreprises doivent se comprendre comme l'effet d'une « mauvaise rencontre » entre un sujet hystérique et un sujet pervers (cf. Chapitre 6.11). Victime, il suffirait de porter plainte. Certes, mais pas facile de porter plainte lorsqu'il faut aussi expliquer que l'on a cédé à la phase de séduction du pervers, ce dont on a honte, avant de se rendre compte que l'on est victime. Pas facile d'avouer que l'on a été « complice », avant de devenir victime...

9. Le manager hystérique

Qu'en est-il de l'hystérie, c'est-à-dire de la plupart des femmes, mais aussi de plus en plus d'hommes, dans les entreprises ? Dans les entreprises, les postes à responsabilité importants sont rarement tenus par des femmes, et ce pour des raisons culturelles. Faudrait-il instaurer la parité dans les conseils d'administration ? On serait élu non pour ses idées et ses compétences, mais pour son sexe ? Et pourquoi pas des quotas de Noirs ou de Juifs, d'homosexuels ou de handicapés ? Non, la solution n'est pas dans la mise en place de ces normes ridicules. La question de l'hystérie, on vient de le voir, dépasse largement une prosaïque sociologie des hommes et des femmes par rapport au pouvoir, puisque la question de la différence des sexes est le cœur même de la problématique du sujet, qu'il soit homme ou femme.

La personne hystérique, homme ou femme, dans la recherche de l'amour de l'autre, dans le goût de plaire et de séduire, dans le goût des relations sociales, a généralement un style de management centré sur les personnes et travaille « porte ouverte ». L'hystérique ne demande pas à une entreprise d'être efficace, elle lui demande de lui apporter de l'amour, amour qu'elle demande à son supérieur hiérarchique, à ses collègues et à ses subordonnés. Or on ne peut plaire à tout le monde…

La personne hystérique sera plus à l'aise dans les métiers de la communication, des langues, des médias, de la publicité, du tourisme, de la mode, des arts et du spectacle, du soin (médecine et social). L'hystérique aime aider pour qu'on lui donne de l'amour en échange. Elle sera plus à l'aise à des postes de DRH ou de directeur de la communication par exemple.

Mais l'homme hystérique peut cependant se trouver à des postes de responsabilité suprême, président de société par exemple. Le pouvoir est alors utilisé comme une scène de théâtre – homme sur scène plus préoccupé par l'avis des médias sur lui, que sur son entreprise. Si la femme hystérique occupe rarement ces postes, c'est, on l'a vu, pour des raisons culturelles, car elle serait tout aussi capable de monter sur scène pour briller. La société donne à la femme hystérique le théâtre, le cinéma et la télévision, mais bien plus rarement le pouvoir politique et économique.

10. Les maladies de l'hystérie

Une des maladies possibles de la personne hystérique est bien entendu la névrose hystérique, ou hystérie de conversion (cf. Synthèse). L'hystérie est attestée déjà près de 2 000 ans avant J.-C. en Égypte. Elle sera repérée aussi par la médecine grecque antique, d'où son étymologie. On croyait alors que l'utérus se promenait dans le corps de la femme.

Les symptômes de la névrose hystérique, encore appelée hystérie de conversion, sont multiples, généralement d'ordre physique, mais sur le registre fonctionnel (le corps n'est pas lésé mais fonctionne mal), plus ou moins invalidants. Ces symptômes fonctionnels doivent donc être distingués des symptômes organiques (le corps est altéré) ou des maladies psychosomatiques (cf. Chapitre 5.9). L'hystérique parle avec le corps disait Freud (hystérie de conversion), en ce sens que le désir inconscient se manifeste à travers un symptôme corporel.

Il y a bien entendu tout le cortège des symptômes sexuels : frigidité, anorgastie, vaginisme pour les femmes ; impuissance et éjaculation précoce pour les hommes (cf. Chapitre 3.7). Mais il y a aussi cet autre cortège : pleurs, céphalées, toux, suffocation, frissons et bouffées de chaleur, tachycardie, tremblements, paralysies, et même des cécités et des hallucinoses. La grande crise d'hystérie qu'ont connue Charcot et Freud, se fait rare. La colère clastique (cf. Chapitre 3.11) est monnaie courante dans les chaumières et les entreprises, et le médecin du travail connaît bien ces crises de larmes contagieuses dans les ateliers à majorité de femmes. La sinistrose est aussi bien connue de ces médecins. On la rencontre surtout chez des personnes hystériques. Le travailleur guérit à la suite d'un accident mais continue à souffrir.

Par ailleurs, on observe que la névrose d'angoisse (crise de panique) et la névrose phobique (phobie des animaux, des plantes, claustrophobie, agoraphobie, phobie sociale, etc.) s'inscrivent généralement sur une structure hystérique. On sait à quel point peut être invalidante dans le monde du travail une phobie sociale, la « maladie de la timidité » (cf. Chapitre 3.12).

Névrose d'angoisse, névrose phobique et névrose hystérique qui touchent principalement les femmes… On s'en doutait bien.

11. Colère clastique

Geneviève, 51 ans, célibataire, sans enfant, un peu ronde, avec des tailleurs démodés, mais ne manquant pas de charme. Assistante de direction dans une filiale française d'un groupe multinational d'équipements informatiques, elle avait consacré une bonne partie de sa vie à son travail.

Intoxiquée par le travail ? D'un certain point de vue, oui. Elle avait toujours été très attachée à son patron, notamment au dernier en date, un homme de 46 ans, satisfait de ses services.

Ambivalence des sentiments, après plus de trois ans passés au service de ce patron. Très attachée affectivement à cet homme, mais aussi un peu de rancœur vis-à-vis de lui. Son patron, un homme élégant, poli, juste, mais peut-être un peu trop froid à son goût. Les erreurs de travail étaient toujours pointées sans agressivité, avec tact et quelquefois avec un signe trop discret d'encouragement. Sa froideur ne l'empêchait pas d'être généreux : salaire confortable et primes substantielles, toujours prêt à lui octroyer une demi-journée, voire un vendredi tout entier, aux frais de la maison.

Trop poli et pas assez affectueux ? Dépit amoureux ? Toujours est-il qu'un jour, sans que rien ne le laisse prévoir, elle a explosé à la suite d'une remarque anodine faite par son patron à propos d'une grossière faute d'orthographe dans un courrier, remarque faite pourtant avec cette politesse exquise propre à cet homme.

Un coup de tonnerre dans un ciel serein. Colère ! Papiers, stylos, trombones, ordinateur, classeurs, tout a volé en l'air. Il a quand même fallu deux bonnes minutes à Geneviève pour tout dévaster dans son bureau. Et puis elle s'est calmée. Et puis elle a pleuré. Son patron lui a suggéré de rentrer chez elle après ce « désastre » en la tenant paternellement par les épaules. Classique colère clastique de la personne hystérique. L'hystérique se plaint non pas de ce qu'on lui fait, mais de ce qu'on ne lui fait pas…

Homme froid, mais suffisamment fin, son patron ne s'est pas orienté vers une sanction et encore moins vers un licenciement pour cette personne dévouée et zélée, qui l'avait toujours aidé et assisté efficacement ; mais parfois, il est vrai, de façon un peu servile. Non, somme toute, elle lui avait toujours donné satisfaction. Médecin du travail ? Psychiatre ? Il sentait confusément que cela aurait été discourtois et inadapté à l'événement. Il lui a alors proposé un « coaching de soutien », appellation pratique pour un début de travail thérapeutique. Elle a donc accepté de prendre un coach pour travailler sur son relationnel dans l'entreprise.

Quelques séances de coaching nous révèlent l'existence d'un chagrin d'amour à l'âge de 36 ans, dont elle ne s'est jamais totalement remise. Depuis, sans attache amoureuse, le travail avait été sa seule consolation avec la pâtisserie. Le coaching aura permis ici de poser la problématique affective de Geneviève, coaching qui sera suivi d'une prescription de psychothérapie, prescription qu'elle suivra bien volontiers.

Cette psychothérapie lui permettra de reprendre cette question en suspens de l'amour et de la sexualité, qu'elle avait mise de côté depuis trop longtemps.

En bonne hystérique, Geneviève ne travaille pas pour l'œuvre, ni même pour l'argent, elle travaille pour l'amour de l'autre, pour l'amour de son chef, pour que son chef lui « dise » qu'elle est une femme.

12. L'ours en peluche

En sueur, une poignée de main molle, la main moite, quand elle entre pour la première fois dans mon cabinet.

Clotilde vient de la petite noblesse bretonne. Un père effacé et absent, fuyant femme et enfant dans la chasse et les ventes aux enchères. Une mère sèche et autoritaire, très catholique, à cheval sur les principes et les traditions.

Une honte pour sa mère quand elle voit sa fille unique se contenter d'un BTS d'informatique.

À 31 ans, Clotilde est une bonne technicienne dans son centre de recherche en génétique, cachée la plupart du temps derrière son ordinateur, pour avoir le moins possible à parler à ses collègues.

Elle avoue une phobie sociale, fuyant machine à café et restaurant d'entreprise, sans compter l'horreur du téléphone. Dire « bonjour », « merci », « au revoir », représente pour elle un effort surhumain. Elle a toutes les peines du monde à faire bonne figure. Elle préfère communiquer par intranet pour les besoins du service. Bien entendu, elle se sent incapable de parler en réunion : rougissante et bafouillante, les mots restent bloqués dans sa gorge.

Dans la rue, elle ne peut sortir qu'avec un animal en peluche, le petit ours de son enfance, dans son sac.

Elle se rend bien compte qu'en réalité elle méprise les gens et que sa timidité « maladive » cache en fait un profond atavisme, dont elle a honte.

Son directeur informatique apprécie ses compétences et sa discrétion. Trop de discrétion pourtant, car il voudrait lui donner la responsabilité d'une équipe avec une douzaine d'informaticiens à manager. C'est pour aider Clotilde à assumer cette nouvelle fonction, qu'il me l'a adressée.

Chez Clotilde, cette névrose phobique est bien caractéristique d'une structure hystérique. Sa mère ne lui a pas « dit » qu'elle était une femme, alors le regard des autres, surtout celui des hommes, surtout le désir des hommes, lui font peur. Clotilde n'ose pas monter sur la scène du théâtre de la vie et de la sexualité, paradoxe qui illustre sa problématique hystérique.

CHAPITRE 4

Suis-je mort
ou vivant ?

1. Les hommes en gris

« Suis-je mort ou vivant ? » c'est la question de l'obsessionnel. Vivant oui, mais travaillant pour son œuvre, travaillant pour la postérité, travaillant à son monument, travaillant pour son « tombeau ».

Si la structure hystérique est le langage fondamental de la névrose, la structure obsessionnelle en est le « dialecte ». La structure obsessionnelle, comme la maladie obsessionnelle, concerne essentiellement les hommes, plus rarement les femmes.

C'est avant tout un surmoi fort (rigidité morale) qui caractérise la personne obsessionnelle, à tel point que l'on peut dire qu'elle a la haine de son désir – raison pour laquelle les pulsions sont pour elle particulièrement menaçantes. Ce refoulement laborieux, qui l'a fait entrer dans la structure de la « normalité » (dans la structure névrotique), est épaulé par d'autres mécanismes de défense contre l'angoisse. Il s'agit de l'isolation (refus de faire des liens entre des idées, des paroles et des actes), de l'annulation (« gommer » psychiquement des idées, des paroles et des actes), du renversement en son contraire (par exemple une extrême propreté pour masquer une attirance pour la saleté, l'obsession de l'ordre pour masquer l'attirance pour le désordre), etc. Nous ne les citons ici que pour mémoire.

Les traits de caractère de la personne obsessionnelle sont bien connus : rigidité psychique et morale, conformisme et respect scrupuleux de la loi, goût de la discipline et de la soumission, érotisation de la pensée, froideur, ritualisation des conduites, perfectionnisme, goût du travail bien fait (la personne obsessionnelle est généralement exigeante et tatillonne), doute, goût de l'ordre et de la propriété, goût de la propreté. L'amour ? La personne obsessionnelle aime être aimée pour ce qu'elle fait, pour son œuvre, car le corps n'est pas impliqué dans sa singulière démarche d'amour. Bien entendu, ces traits vont être plus ou moins marqués selon les individus. (cf. Chapitres 4.5, 7 et 8).

Dans la forme la plus conformiste, l'obsessionnel, c'est « l'homme en gris », l'homme du devoir, l'homme sérieux, l'homme d'ordre et de discipline, l'homme sans fantaisie, l'homme qui ne rit jamais, l'homme à la vie bien réglée, l'homme auprès de qui l'on éprouve un profond sentiment de tristesse et d'ennui. On peut bien comprendre le sujet obsessionnel, car tenir la société à bout de bras, contre la barbarie qui guette toute œuvre de civilisation, ça ne doit pas être drôle tous les jours, c'est certes une affaire sérieuse, mais aussi très grave…

Alors que le sujet hystérique se demande s'il est un homme ou une femme, la personne obsessionnelle semble s'intéresser plus à l'au-delà qu'à sa vie présente. Et lorsqu'elle s'intéresse à sa vie, c'est dans la perspective de laisser une trace biologique (un enfant), de transmettre un héritage économique ou intellectuel, de laisser une œuvre (une loi scientifique ou juridique, une découverte, une invention, une réalisation technique, une œuvre d'art, etc.), de laisser un nom dans le futur et, si possible, dans l'Histoire. Elle veut qu'on parle d'elle longtemps après sa mort, autour de son tombeau.

2. Dura lex, sed lex

C'est à un surmoi sévère que doit se confronter la personne obsessionnelle, car elle se nourrit de morale (cf. Chapitre 4.5), de religion et de droit. La loi, elle l'adore (cf. Chapitre 4.3). Elle en respecte plus souvent la lettre que l'esprit. Légaliste, la personne obsessionnelle et ne s'intéresse pas nécessairement à la légitimité de la loi. C'est par son respect et par le témoignage d'un travail bien fait qu'elle cherche l'amour de cet autre qui incarne la loi (son supérieur hiérarchique par exemple). Si elle transgresse, elle se trouve submergée par un sentiment d'angoisse et de culpabilité. En effet, la personne obsessionnelle déteste la liberté qui, comme chacun sait, n'est pas un cadeau. Chez elle, le désir de soumission est immense. S'il n'est rien de pire pour elle qu'une loi au contenu flou, l'absence de loi la panique. Il y a chez elle une sorte de jouissance masochiste à se soumettre à l'injonction de son surmoi. Et lorsqu'il n'y a pas assez de lois, elle s'en invente sous la forme de rituels personnels, qui ont pour fonction de calmer son angoisse. Toutefois, nous nous trouvons alors dans le registre de la maladie de la névrose obsessionnelle, car certains rituels doivent être considérés comme des symptômes. Parfois, ces rituels sont tellement invalidants qu'ils empêchent le sujet de vivre normalement au quotidien, notamment de travailler. Le mieux est l'ennemi du bien pour l'obsessionnel : trop de précision, trop de vérifications, trop d'ordre, qui en viennent à paralyser le travail. Le principal souci de la personne obsessionnelle est d'être un brave garçon (ou fille) conformiste.

Kant disait qu'on se sent bien dans le bien. On peut dire que la personne obsessionnelle se sent bien dans la légalité, qu'elle assimile trop souvent au bien...

Si les rituels de l'obsessionnel ne sont pas nécessairement pathologiques, force est de constater que ce sujet jouit du respect de la loi, de la règle et de la procédure, dans la société comme dans l'entreprise. La personne obsessionnelle est le bureaucrate type ou l'ingénieur type. Donc, si la société n'était basée que sur des sujets de structure névrotique, dotés d'un surmoi exigeant et réprimant une partie de leurs pulsions, on peut aller jusqu'à affirmer qu'elle se manifesterait par des rituels (liturgies religieuses, procédures juridiques et techniques), organisation du temps et de l'espace, etc. dont les « prêtres » seraient les sujets de structure obsessionnelle. Dans les entreprises, on sait bien qu'une bonne part de l'activité a une fonction « liturgique » destinée à calmer l'angoisse de « l'être là ». Les personnes obsessionnelles forment ainsi les colonnes du « temple de la société ». Si dans leur forme pathologique, les symptômes obsessionnels constituent une « religion privée », nous dit S. Freud, la religion serait une sorte de « névrose obsessionnelle collective ». En allant dans le sens de Freud, on pourrait dire que toute la société humaine, avec ses organisations et ses entreprises, serait en quelque sorte une névrose obsessionnelle collective. Ainsi, le lien social est non seulement basé sur la structure névrotique, mais il est également ancré sur la structure obsessionnelle.

3. Le manager philosophe

C'est après avoir lu et relu dans Platon cette notion du « roi philosophe », que Bertrand, responsable d'une unité d'un grand groupe équipementier de l'électronique, avait décidé d'être un « manager philosophe ».

Il s'était toujours passionné pour la philosophie et tout particulièrement pour la philosophie antique. Après Platon et Aristote, devait-il me confier, on n'avait jamais plus posé de questions nouvelles, l'humanité ressassant d'anciennes questions, sous d'autres formes, auxquelles elle faisait les mêmes réponses, qu'elle avait oubliées. Je lui laissais bien entendu la responsabilité de ses convictions... Bertrand avait même pensé entreprendre des études de philosophie à sa sortie du lycée. Un père rigide lui avait signifié qu'il ne lui payerait pas ses études s'il faisait un choix aussi peu sérieux. Va pour des études d'ingénieur à l'École polytechnique, comme son père...

Au cours de sa carrière de manager, il a continué de s'intéresser à la philosophie, ne ratant aucun colloque, forum ou symposium sur l'éthique d'entreprise, l'entreprise citoyenne ou encore à visage humain. Alors que la plupart des participants à ce genre de manifestation écoutent d'une oreille distraite, étant surtout présents pour échanger cartes de visite, nouer de nouveaux contacts et compléter leur carnet d'adresses, Bertrand écoutait chaque conférencier attentivement, pieusement dirons-nous, en prenant des notes.

Ce qui jusque-là n'était pour lui qu'une simple marotte est devenu une réalité, lorsqu'il s'est mis en tête de concocter dans son entreprise un « code d'éthique » à l'usage de ses collaborateurs. C'est dans cette perspective qu'il est venu me consulter, pour que je l'aide à élaborer sa noble « charte ».

Le projet de charte qu'il me soumettait était, il faut bien le dire, d'une désolante banalité. On y prônait l'exigence de l'excellence, de la qualité, de la loyauté, de la droiture, de la courtoisie, de l'esprit de service, de l'esprit d'équipe, et tout à l'avenant. Texte redondant, tant par rapport au droit de l'entreprise, que vis-à-vis des règles les plus élémentaires du savoir-vivre. Pas besoin d'avoir lu Platon ou Aristote pour rédiger une telle « constitution ». Bref, un texte « symptomatique »…

Je l'ai alors invité à définir comment il envisageait la « Loi ». Il m'a spontanément parlé du caractère tatillon de son père dans son éducation, éducation faite de règles, d'interdits, de principes et d'obligations. Bien peu de « Loi » et beaucoup trop de « règlements ». En fait, cette charte avait davantage pour fonction d'être un écho de la voix de son père et de calmer sa propre anxiété, que de représenter un quelconque caractère d'utilité pour ses collaborateurs.

Renonçant à son ambition, à sa charte et au coaching, Bertrand a commencé une psychothérapie, au cours de laquelle il a pu étudier son rapport à la « Loi » et à ce père tyrannique.

La problématique autour de cette « loi » est bien caractéristique de la structure obsessionnelle de Bertrand. Pour lui, la jouissance réside bien plus dans une ritualisation de l'activité de son entreprise que dans son efficacité économique.

4. Le manager obsessionnel

Dans le monde du travail, les secteurs économiques dans lesquels la personne obsessionnelle se sent à l'aise sont la gestion, la technique, les matières premières, l'industrie, les transports, l'énergie, etc. Il serait erroné de dire qu'elle n'est pas créative, puisque l'érotisation de sa pensée, autrement dit le plaisir que procure la pensée, peut la diriger vers la philosophie et la recherche scientifique et technique.

Dans le monde de l'entreprise, plutôt de formation ingénieur ou gestionnaire, la personne obsessionnelle est à l'aise dans des postes comme ceux de directeur d'usine, directeur informatique, directeur logistique, directeur financier, contrôleur de gestion, comptable, etc. Trop rigide, elle n'est pas nécessairement un bon DG. Mal à l'aise avec ses collaborateurs, son style de management est centré sur la tâche et elle travaille « porte fermée ». Homme (ou femme) d'écriture, plus que de contact et de parole, elle dirige par notes, mémos et rapports.

Personne d'ordre et de discipline, pas toujours suffisamment critique, son conformisme peut l'inciter à devenir un auxiliaire de la barbarie. Ils n'étaient pas tous pervers ou psychotiques ces fonctionnaires et ces cadres d'entreprise zélés qui ont suivi Hitler, souvent avec enthousiasme. Hitler faisait rêver, il promettait aux Allemands de les inscrire dans l'Histoire, il promettait un empire qui allait, après Rome, durer 1 000 ans… De quoi faire rêver tout un peuple d'obsessionnels, puisque la personne obsessionnelle se caractérise par un conformisme vis-à-vis de l'ordre politique en place. Dans l'ordre, dans la discipline, elle oublie généralement le sens critique. Paradoxe, il arrive parfois que le surmoi, cette instance civilisatrice du sujet, se mette au service de la barbarie et de l'horreur…

5. L'homme d'acier

À 58 ans, directeur d'un haut-fourneau en Lorraine, il apprend qu'on a décidé de fermer son unité de production jugée peu rentable.

Après des études d'ingénieur, un premier poste dans l'industrie sidérurgique. Depuis, l'acier ne l'a plus quitté. L'acier, sa passion, peut-être plus importante pour lui que sa famille.

Grand, mince, costume gris et air pincé. Une main de fer, mais avec un respect des hommes de métier et des ouvriers courageux. Il se faisait chaque jour un devoir, casque sur la tête et cravate au vent, de faire sa tournée sur le site, saluant les hommes, trouvant un mot pour chacun d'eux, malgré son apparente froideur. Il forçait, il faut bien le dire, l'admiration de ses ouvriers. Il avait même appris l'arabe pour se faire comprendre du personnel immigré. Il aime l'usine, c'est un sensuel à sa manière. Il aime le rougeoiement des coulées, le vacarme, la fumée et même les odeurs nauséabondes.

Il méprisait les questions de rentabilité et les financiers, éloignés des réalités à Metz. Il préférait résoudre des problèmes techniques, des problèmes de production, des problèmes de sécurité. Du concret quoi !

Or la finance a eu raison de cet homme, qui avait confondu sa vie avec le métier de sidérurgiste. C'est peu après avoir appris la décision de fermeture de ses établissements, victime d'une grave dépression, que Jean est venu me consulter sur le conseil de son médecin traitant, qui lui avait prescrit des antidépresseurs.

Un père ingénieur des Mines, une éducation catholique trop stricte, l'aîné d'une fratrie de six enfants, une adolescence consacrée à l'étude, sorti major de sa promotion d'ingénieur. Personnalité rigide, il n'a jamais vraiment eu d'autre désir que celui d'exercer son métier le mieux possible et, pour lui, « le mieux possible » est synonyme de perfection. Une première dépression à la suite d'un accident du travail, dont il s'est senti responsable : explosion, deux morts et sept ouvriers gravement blessés. L'enquête le disculpera pourtant.

Une psychothérapie analytique – une psychanalyse classique n'étant pas indiquée –, permettra à Jean d'arrêter les médicaments. Après un an de traitement. Jean a trouvé un poste de directeur dans un écomusée de la région, et l'homme d'acier s'est assoupli un tant soit peu…

Jean, avec sa passion pour « l'œuvre » (la sidérurgie) et un surmoi trop sévère qui l'entraîne dans la dépression, nous offre un tableau caractéristique d'une structure obsessionnelle. Pourtant le basculement dans la maladie ne se fera pas dans une névrose obsessionnelle mais dans une banale dépression névrotique. La dépression névrotique, notons-le, n'est pas spécifique à une structure et peut aussi toucher un sujet de structure hystérique. En ce qui concerne Jean, ce n'est pas la maladie qui révèle sa structure obsessionnelle, mais plutôt sa problématique : le père, la morale (la « Loi ») et « l'œuvre ».

6. La maladie obsessionnelle

Le cortège des symptômes de la névrose obsessionnelle (cf. Synthèse) est le suivant : surmoi tyrannique et sentiment de culpabilité, rituels plus ou moins invalidants (la religion privée dont parle Freud se manifeste notamment par des rituels personnels, bien plus contraignants que ceux d'une religion), doutes et vérifications, inhibitions, ruminations et pensées obsédantes, rituels de lavage (cf. Chapitre 4.8). La psychiatrie moderne parle de troubles obsessionnels compulsifs (TOC).

Les symptômes ont pour fonction de protéger le malade contre l'angoisse. Par exemple, la non-exécution d'un rituel provoquera chez lui une bouffée d'angoisse, la contrainte du rituel étant un moindre mal.

Si la symptomatologie n'empêche pas l'activité professionnelle du malade, la pathologie obsessionnelle peut aller jusqu'à paralyser cette activité (perfectionnisme, trop de procédures, trop de vérifications, inhibition au travail, etc.).

Le traitement de la névrose obsessionnelle par la psychanalyse est long et techniquement difficile pour le praticien, en raison de la rigidité psychique du malade et de la force de ses défenses.

7. L'incapable

À l'occasion de la réorganisation de ce groupe centré sur l'industrie de luxe, Michel, 41 ans, vieux garçon, directeur d'unité, a été affecté dans un placard doré comme chargé de mission dans la holding. Ce n'était pas une sanction, mais une simple mise en réserve, dans l'attente de résultats de la réorganisation du groupe. On avait toujours apprécié ses qualités managériales, malgré une certaine rigidité. Et c'est bien pour ça qu'on voulait le garder. On le considère comme une valeur sûre dans les projets d'avenir du groupe et l'on compte lui proposer bientôt un poste important, en temps voulu, dans les trois prochains mois.

Ce n'est pas une sanction, mais rien n'y fait. Michel vit sa nouvelle situation comme un échec. Quand il recevait des compliments pour ses résultats et ses objectifs atteints, il n'y croyait pas vraiment. Il faut dire que toute sa vie, il a douté de lui. Dévalorisé par sa mère, maîtresse femme à la maison, qui préfère sa sœur aînée ; un père, petit fonctionnaire au ministère des Finances, terrorisé par sa femme. Tel avait été son environnement familial, enfant puis adolescent. C'est contre l'avis de sa mère qu'il avait entrepris des études de management à l'EDHEC de Lille. Silence du père… Non, personne ne l'avait aidé.

Sa vie professionnelle, jusque-là, était plutôt réussie. Pourtant, il n'a jamais eu vraiment confiance en lui. Une sorte de petit diable l'habite, qui lui dit qu'il n'est qu'un bon à rien. Cette situation de jachère professionnelle lui pèse. Il dirige pour l'instant une petite équipe de recherche en marketing, ce qui ne l'occupe qu'un petit mi-temps. Pour le reste, il est tétanisé, incapable de décrocher le téléphone pour prendre des contacts dans le groupe afin de s'informer de la réorganisation et des opportunités qui pourraient s'ouvrir à lui. Il pense par moment partir, lancer une société, ouvrir un cabinet de consultants, mais là encore, il se sent incapable de faire le tour de son carnet d'adresses pour prendre des contacts. Incapable est le maître mot qui le caractérise. En effet, s'il en est là, c'est bien parce qu'il est incapable de se lancer dans une affaire, seul ou avec des associés. Pourtant, paradoxe, il aime le monde de l'entreprise, il aime les responsabilités, il aime le pouvoir.

Il s'est ouvert de ses difficultés à son DRH, qui lui a conseillé un coaching d'orientation. Ce coaching d'orientation ayant permis de mettre à jour quelques questions fondamentales, Michel a commencé une psychanalyse à l'issue de ce coaching, pour travailler sur son rapport à ce père timide, qui ne lui a offert ni direction, ni soutien, ni protection vis-à-vis de sa mère tyrannique ; un père qui l'a pourtant aimé en silence ; pour travailler enfin ce symptôme d'inhibition et cette interdiction de jouir de sa réussite professionnelle.

Rigidité de son management, difficultés de contact, doute sur ses capacités professionnelles que rien n'arrive à remettre en cause, pas même le succès, seul un travail analytique permettra à Michel d'arrondir les angles de sa structure obsessionnelle.

8. Les mains sales

Robert, 45 ans, encore vieux garçon, comptable dans la succursale d'une entreprise d'import-export à Marseille. Un employé modèle, jamais la moindre minute de retard à son bureau après douze ans de maison. Un employé sans histoire, besogneux, appliqué, ordonné, minutieux jusqu'à l'excès ; pas toujours efficace, il est vrai, avec sa manie du doute qui l'incite à tout vérifier. Un personnage gris, taciturne, sans le moindre humour, timide, effacé et obséquieux devant sa hiérarchie. Froid et distant avec ses collègues qui l'avaient surnommé avec malice, mais sans méchanceté, le « petit Robert » à cause de sa taille. Il entretient avec eux des rapports cordiaux, sans plus. Rigide dans son travail, avec des habitudes acquises depuis trop longtemps, il avait eu beaucoup de mal à s'adapter à la restructuration du service comptable, surtout à cause de l'introduction de l'informatique.

Anxieux au début, avec la crainte de mal faire, il s'était fait à son nouveau poste et avait même fini par y trouver quelques avantages, avec la possibilité de contrôle immédiat que lui permettait son micro-ordinateur. Il avait notamment apprécié ce nouvel espace de travail bien aseptisé.

Remarqué par son chef de service, on lui avait donné sa chance en lui offrant une promotion à la direction financière au siège du Havre. Loin de le ravir, cette proposition l'avait profondément perturbé. Effrayé par la perspective de responsabilités trop lourdes pour lui et l'idée de quitter le soleil de sa chère Canebière pour les brumes de Normandie, il s'était résolu à décliner cette offre.

Robert est un esthète à sa manière, car il apprécie les comptes bien tenus. Il aime aussi l'argent, même s'il s'agit de celui des autres. Passionné de numérologie, il croit à la magie des chiffres et des nombres. C'est par maladresse, pensant bien faire après son refus d'être muté, que son chef a tenté de l'impliquer, pour le compte de l'entreprise, dans le montage d'opérations d'une légalité douteuse. On lui avait bien entendu fait miroiter des primes substantielles par rapport à son modeste salaire pour ce « surcroît de travail ». On avait misé sur sa naïveté et son apparente servilité. C'était bien mal connaître son intégrité obstinée. Esclandre ! Robert est monté sur ses grands chevaux : son honneur par-ci, la légalité par-là, le ton qui monte, claquement de porte… Cette agressivité, trop longtemps contenue, s'exprimait enfin au grand jour par cet acte « héroïque » qui s'imposait à lui. Robert, victime de son devoir et de son honnêteté, est allé rejoindre le martyrologe des comptables scrupuleux et allonger la longue liste des chômeurs inscrits à l'ANPE. En outre, depuis sa fugue, Robert souffre d'un acte compulsif, obsédant, auquel il ne peut se soustraire, sous peine de se sentir terrassé par l'angoisse : Robert se lave les mains plusieurs dizaines de fois par jour… C'est ce symptôme rituel encombrant et invalidant qui l'a conduit à me consulter.

Robert présente deux caractéristiques de la structure obsessionnelle : perfectionnisme et rigidité morale. C'est le stress devant un acte illégal à exécuter qui le fait basculer dans la maladie obsessionnelle avec un grand classique des TOC : un rituel de lavage des mains. Il convient d'attirer l'attention sur ce symptôme qui calme son angoisse. Il a une fonction de compromis entre la grosse voix du surmoi avec la punition (le lavage des mains est un relatif handicap) et l'injonction à la jouissance du ça (« je me lave les mains de cet acte illégal qui va me permettre d'avoir une prime »).

CHAPITRE 5

Puis-je fuir
mon angoisse ?

1. De la peur à l'angoisse

« Puis-je fuir mon angoisse ? » c'est la question du narcissique (du sujet de structure limite), même s'il n'a pas le monopole de l'angoisse.

Il convient de distinguer l'angoisse de la peur d'une part, et de l'anxiété d'autre part.

La peur est un sentiment violent devant un danger réel (ou supposé), pouvant mettre en péril la vie et l'intégrité physique de l'individu – la peur devant une machine dangereuse par exemple. La peur est un sentiment utile, puisqu'elle invite l'individu à fuir devant le danger. *Éloge de la fuite*, pour reprendre l'expression d'Henri Laborit.

L'anxiété est un sentiment diffus de malaise devant un événement ou une tâche à venir, considérés comme importants pour le sujet : examen à passer, travail difficile à mener à bien, attente d'un diagnostic médical, etc.

La peur et l'anxiété ont donc bien une cause précise, à la différence de l'angoisse, qui semble sans objet apparent.

C'est pour fuir et masquer l'angoisse que l'individu narcissique va s'orienter vers une stratégie pathologique : toxicomanie, anorexie et boulimie, hyperactivité, etc., c'est-à-dire dans une stratégie de dépendance, autrement dit dans une stratégie d'addiction (cf. Synthèse). La fuite est bien dans l'ivresse que provoque le produit, la nourriture (ou son absence) ou l'action.

2. L'angoisse, c'est la vie

En psychiatrie, l'angoisse est le symptôme majeur dans deux maladies : la névrose d'angoisse et la névrose phobique, pathologies se manifestant généralement chez des personnes de structure hystérique (cf. Chapitre 3.10). Cependant, le sentiment d'angoisse est plus ou moins présent dans presque toutes les maladies mentales. Le traitement classique, pour toute maladie comportant un fond d'angoisse important, est la prescription d'anxiolytiques (médicament contre l'anxiété et l'angoisse), accompagnée d'une psychothérapie.

Mais avant d'être un symptôme pathologique, l'angoisse, c'est la vie ! Du point de vue de la psychanalyse, avant d'être un symptôme, l'angoisse est une manifestation inhérente au fonctionnement même du psychisme. S'il existe des symptômes d'angoisse, il y a avant tout une angoisse de base pour tout sujet. Si l'angoisse n'a pas d'objet propre, au contraire de la peur ou de l'anxiété, elle est toujours la manifestation d'un conflit intrapsychique : conflit entre le ça (instance de la jouissance) et le surmoi (instance des interdits), conflit entre les pulsions de vie et la pulsion de mort. Ainsi, tout individu peut être confronté à un sentiment d'angoisse, et c'est le « trop d'angoisse » qui serait pathologique, un trop d'angoisse générateur de passage à l'acte : décision brusque (rupture amoureuse ou changement professionnel, par exemple), suicide, voire homicide.

Pour lutter contre l'angoisse, le psychisme du sujet utilise plusieurs mécanismes de défense. Le principal, on l'a vu, est le refoulement. Lorsque le conflit psychique est trop important, le refoulement permet à l'individu de « l'oublier », en le fixant dans l'inconscient. C'est par ailleurs grâce au refoulement que le sujet accède à la structure névrotique, la structure de la « normalité » (cf. Chapitre 1). Il peut toutefois arriver que le refoulement soit faible et insuffisant. C'est le cas chez le sujet de structure narcissique, dont il est question ici. Enfin, le refoulement peut être totalement défaillant. C'est le cas chez les sujets de structure perverse ou psychotique. Par ailleurs, la sublimation est un autre mécanisme de défense important. Elle permet à l'individu de transformer son angoisse en une activité valorisée socialement – activité artistique ou activité professionnelle, notamment. Mais il arrive aussi que le sujet se protège de l'angoisse dans l'hyperactivité au travail et sportive, par exemple (cf. Chapitres 5.10 à 11), voire dans le jeu, l'alcool, le tabac ou la consommation de drogues. Cette stratégie de dépendance pour fuir son angoisse est fréquente chez des individus de structure narcissique.

Il arrive aussi que le refoulement soit momentanément affaibli (dans le sommeil par exemple) ce qui permet un retour du refoulé par des formations de compromis que sont les rêves (cauchemars fréquents chez les individus de structure limite), les fantasmes, les actes manqués et les symptômes névrotiques. L'inconscient refoulé, c'est un peu notre « poubelle » psychique. On y déverse tout ce qui est condamné par le surmoi. Toutefois, la poubelle ne ferme jamais très bien, et les petites mauvaises odeurs qui s'échappent malgré tout sont ces formations de compromis – compromis, parce que le désir interdit se manifeste, sans mise en acte.

On soulignera, par ailleurs, que toute entreprise est potentiellement anxiogène pour le sujet. C'est le cas lorsque l'individu doit aller à l'encontre de ses convictions éthiques : hostilité concernant les buts et les moyens de l'organisation, licencier du personnel, commettre un acte illégal, être à l'origine d'une pollution industrielle, etc. (cf. Chapitre 4.8). C'est le cas à l'occasion d'une réactivation du conflit œdipien (avec la hiérarchie par exemple). Beaucoup de conflits personnels dans le monde du travail peuvent se classer sous le label « révolte contre le père ». C'est le cas dans une proximité subie avec un sujet pervers (cf. Chapitre 3.8). C'est le cas lorsque le métier de l'individu le met en contact avec la maladie et la mort – travail hospitalier. C'est le cas enfin lorsque des tendances phobiques sont réactivées : claustrophobie, agoraphobie, sociophobie, par exemple (cf. Chapitre 3.12).

3. Personnalité à responsabilité limitée

La question de l'existence d'une structure psychique narcissique (dite « limite ») est actuellement très controversée. Paresse de diagnostic pour certains psychanalystes, authentique structure pour les autres. Si Freud ne raisonnait pas encore en termes de structure, c'est quand même lui qui nous a ouvert la voie à cette réflexion à partir de son texte *Pour introduire le narcissisme,* dans lequel il entrevoit l'hypothèse d'une personnalité narcissique. Nous poserons donc l'hypothèse de la pertinence d'une structure narcissique.

Qu'entendons-nous par structure limite ? Il s'agirait d'une position psychique du sujet, située entre les structures névrotique, perverse et psychotique, placées en « étoile ». Certains sujets se structurent sur un pôle névrotique (ou pseudo-névrose), d'autres sur un pôle pervers, d'autres encore sur un pôle psychotique (cf. Synthèse). Cette structure limite, appelée aussi structure narcissique, est la seule structure psychique susceptible d'évoluer. Soit « en avant » vers la structure névrotique (c'est-à-dire vers la « normalité »), pour les individus structurés sur un pôle névrotique, soit « en arrière » vers les structures perverse ou psychotique, pour les sujets structurés sur ces pôles.

L'origine de la mise en place d'une structure narcissique se situerait dans un épisode traumatique qui se serait déroulé avant l'âge de cinq ans : accident, maladie grave, situation d'abandon (hospitalisation par exemple). Cette explication à partir d'un traumatisme fondamental originaire ne peut cependant expliquer à elle toute seule l'apparition massive, depuis une vingtaine d'années, d'individus narcissiques. Il faudrait alors faire l'hypothèse que la civilisation contemporaine aurait tendance à produire des sujets narcissiques. Ainsi, le traumatisme fondamental ou un rapport à la Loi, présent mais affaibli, vont altérer la formation du moi et placer l'individu à la fois dans un état hypernarcissique et de détresse identitaire.

Le moi du sujet limite est donc constitué, très narcissique, mais faible et fragile. Sa fonction est plus adaptative qu'identitaire, c'est un moi « vide » masqué par un moi de « théâtre » (« faux self »). Un moi qui est plus sous l'emprise du ça que du surmoi. Un moi en « château de cartes ». Une vie pulsionnelle que l'individu a toutes les peines du monde à maîtriser. La pulsion d'autoconservation est souvent altérée par un comportement anorexique ou boulimique (cf. Chapitre 5.9). Du côté de la pulsion sexuelle, la sexualité de l'individu narcissique se caractérise par une coloration perverse diffuse. La pulsion de mort, très active, anime souvent un comportement masochiste ou sadique, voire un comportement suicidaire de type ordalique (cf. Chapitre 5.8). Dans cette perspective, l'individu narcissique est souvent dans une dynamique de passage à l'acte, avec des difficultés à poser des actes. L'identité sexuelle, enfin, est généralement peu marquée, avec un choix d'objet (de partenaire) mal repéré (bisexualité fréquente). Par ailleurs, le moi de l'individu limite supporte particulièrement mal la plus infime blessure narcissique, la moindre frustration. Structuré sur un registre narcissique, l'individu limite se caractérise par une libido déséquilibrée. La libido narcissique (centrée sur la personne) l'emporte au détriment de la libido d'objet (centrée sur les autres). Les relations « sociales » et « amicales » sont pauvres et essentiellement utilitaires. Les relations « amoureuses » ont surtout une fonction de renforcement narcissique. D'ailleurs, sans empathie, l'individu limite est plus dans la jouissance (importance du pulsionnel) que dans le désir et l'amour (insuffisance du relationnel).

Le surmoi, s'il est bien présent chez l'individu narcissique (ce qui n'est pas le cas dans la perversion et la psychose), est un surmoi tolérant et débonnaire. La conscience morale et le sentiment de culpabilité sont faibles. Cependant, ce surmoi défaillant peut paradoxalement aller de pair avec des prises de position politique ou religieuse stéréotypées et dogmatiques, qui permettent à l'individu de soutenir la fragilité de son moi. Dès lors, le surmoi semble être plus au service du narcissisme de l'individu qu'au service de sa tâche traditionnelle de régulation des pulsions.

La vie imaginaire de l'individu limite est relativement pauvre, dominée essentiellement par une pensée opératoire, rassurante. On soulignera que cette pensée pratique s'adapte souvent parfaitement et avec efficacité à une activité professionnelle. Le sujet narcissique est en effet un individu soit hyperadapté de façon rigide sur le plan social et professionnel (pôle névrotique ou pervers), soit marginalisé ou clochardisé (pôle pervers ou psychotique). Enfin, l'activité onirique de l'individu limite est dominée par des rêves d'angoisse ou des cauchemars dus à la faible élaboration pulsionnelle, à l'importance du processus primaire et à une vie psychique essentiellement archaïque.

La sexualité de l'individu narcissique est sans véritable érotisme, étant donné la faiblesse de l'imaginaire. L'orgasme, s'il existe, est surtout un plaisir d'organe. La sexualité de l'individu narcissique se situe plus sur un registre de « consommation », que sur le registre relationnel. Elle se caractérise par une forte coloration perverse qui se manifeste souvent à l'occasion de rencontres avec des partenaires pervers (cf. Chapitre 5.8). Sexualité polymorphe cependant, à l'image de la sexualité infantile, sans véritable choix de comportement (à la différence de l'individu pervers, dont la jouissance est fixée à un choix de comportement sexuel déviant quasi exclusif).

La vie de l'individu limite est largement dominée, on l'a vu, par une angoisse quotidienne diffuse, contre laquelle il mobilise l'essentiel de son énergie. Cette angoisse lui apparaît comme particulièrement menaçante pendant les périodes d'inactivité.

Le refoulement, principal mécanisme de défense contre l'angoisse, qui permet ordinairement au sujet d'entrer dans une structure névrotique, est relativement faible en raison de la défaillance du surmoi. C'est cette anémie du refoulement, qui donne au sujet limite ces traits et ces comportements que l'on trouve habituellement dans la structure perverse ou psychotique. Cette même insuffisance du refoulement est la cause d'une vie onirique dominée par des rêves d'angoisse et des cauchemars (cf. Chapitre 5.2).

Les autres mécanismes de défense sont tous aussi insuffisants.

L'hyperactivité (notamment dans la sphère professionnelle), par manque d'élaboration psychique, l'emporte sur la sublimation. Cette hyperactivité peut conduire l'individu narcissique à des états d'épuisement psychique ou physique, préférables au sentiment d'angoisse issu de l'inactivité (cf. Chapitre 5.10).

Le rapport à la réalité est ponctuellement altéré, lorsque l'individu préfère le mensonge et le déni, lorsque son narcissisme est menacé. L'individu limite ment et nie souvent ses propres dires et ses propres actes si nécessaire, avec un aplomb qui étonne toujours ses interlocuteurs. Tout se passe comme s'il adhérait lui-même à ses mensonges, dans une sorte d'autosuggestion, pour préserver son moi faible. L'angoisse, si elle fait faire à l'individu narcissique n'importe quoi (passage à l'acte), lui fait aussi dire n'importe quoi...

Enfin, l'individu narcissique étant peu dans la relation (faiblesse du moi et de la libido d'objet) préfère la projection comme mode de socialisation – mode de « socialisation » privilégié, comme on le sait, chez le sujet psychotique (cf. Chapitre 7). C'est cette préférence pour un rapport à l'autre projectif qui le conduit à une mauvaise appréciation de l'altérité et de la réalité de l'autre. Exclusif, l'individu limite éprouve souvent, de par ces phénomènes projectifs, une jalousie quasi délirante.

Depuis les années 1970, on observe une prolifération croissante de cette structure narcissique (cf. Chapitre 5.6). Nous rencontrons ces individus de plus en plus souvent en consultation psychiatrique ou psychanalytique. Signe des temps, sans doute, où la Loi est de plus en plus mal incarnée chez les parents et les éducateurs, voire dans la classe politique et chez les responsables d'entreprises – phénomène que Lacan avait déjà bien repéré en son temps.

4. De moi à moi

Nous évoquerons ici plus en détail la question de l'identité chez le sujet narcissique, la question de son moi. Nous nous limiterons à l'individu sur un pôle névrotique, l'individu que l'on rencontre de plus en plus fréquemment, dans la société, dans les entreprises ou dans la clinique analytique – individu entre 20 et 35 ans, « adulescent », appelons-le « sujet contemporain » (cf. Synthèse).

C'est un individu qui serait à peine « entré » dans la structure névrotique, campant dans une sorte d'antichambre, dans une adolescence à demeure malgré les années. Le ça est fort, trop fort, et l'individu est submergé par le pulsionnel. Le moi est construit, à la fois narcissique et fragile, un moi qui ne supporte pas la frustration. Le surmoi est là, mais débonnaire, l'individu ayant un sens moral faible. La sexualité est « normale », mais avec une forte coloration perverse. La libido d'objet est faible et les relations amicales et amoureuses restent superficielles, « utiles ». C'est un individu égoïste, qui a le culte du moi, et a tendance à instrumentaliser l'autre. Il a du mal à s'engager dans une relation amoureuse, dans le mariage ou la procréation. Il pourrait faire sienne cette idée d'Oscar Wilde : « Il faut s'aimer soi-même, c'est la seule façon d'être aimé jusqu'à la fin de ses jours. » Son fonctionnement psychique est non seulement egolâtre, mais opératoire, car il ne conçoit l'action que dans son aspect technique, dans une perspective d'efficacité. Gérer est son maître mot. C'est un individu qui gère son corps, son moi, sa santé, sa sexualité, son couple, sa famille, son entreprise, sa vie, etc. Il est peu investi sur « l'extérieur ». Il a généralement peu d'intérêt pour ses origines et pour l'histoire des hommes. Les signifiants familiaux et sociaux sont peu ou pas investis (nom, appartenance nationale, politique ou religieuse). Son moi est avant tout hédoniste et jouisseur (cf. Chapitre 5.5), ce en quoi il ressemble un peu à ce titre au sujet pervers. L'individu narcissique aime « s'éclater », comme il dit. Le sentiment tragique de l'existence et l'inconvénient d'être né ne le concernent pas. Il ne veut pas « se prendre la tête ». Il pourrait faire sienne cette devise : « Je suis moi, donc je suis. »

Individu généralement hyperactif, son ennemi principal est l'ennui. Alors, ludion sans cervelle, il aime le défi, il aime jouer, il aime faire la fête. Individu vide de signifiant, il peut se passionner pour l'anodin, le prosaïque, l'insignifiant et l'éphémère. Il vit l'entreprise comme un jeu. Il s'imbibe à loisir de toutes les niaiseries à la mode véhiculées par la télévision et la publicité. Individu vide de sens, il cherche des émotions fortes pour combler ce vide, pour s'étourdir et se distraire : risques professionnels, conduite automobile à risque, sports à risque, sexualité à risque, toxicomanie. N'oublions pas le poids du ça dans son activité psychique, donc l'importance de la pulsion sexuelle et de la pulsion de mort.

Individu hyperactif, car l'angoisse, comme nous l'avons vu, est toujours menaçante si un refoulement trop faible ne peut la colmater (cf. Chapitre 5.2). C'est la raison pour laquelle l'individu narcissique se protège de la dépression par l'hyperactivité (« avoir la pêche »). Pourvu que ça dure, pourrait-il se dire, puisque sa vie n'est qu'une longue fuite en avant pour éviter l'entrée dans la structure névrotique.

Individu narcissique et trop investi sur le corps, c'est quelqu'un qui vieillit mal et qui supporte particulièrement difficilement la perte, perte de la jeunesse et de la santé, car son rêve est bien de mourir éclatant de santé. « Ce n'est pas facile d'être soi-même, quand on n'est plus ce qu'on a été », pourrait se dire le sujet contemporain.

5. L'homme enfant

Boby, il veut que je l'appelle Boby, est responsable de l'« Animation-rue » dans un grand parc d'attraction européen. « Ça fait toujours bien dans un CV d'avoir travaillé pour Mickey », me dit-il content et fier de lui. Avant, il faisait de la radio, une radio pour ados…

Des parents copains. À 28 ans, il se sent à l'aise dans ses baskets. La vie est un jeu, l'entreprise est un jeu où il s'éclate. Ce sont ses mots. Il aime les challenges ; l'entreprise, c'est du sport. D'ailleurs, il aime le sport, les sports de glisse étant ceux qu'il préfère. Il ne répugne pas à rejoindre son bureau en rollers depuis sa voiture garée dans un parking, une MG rouge, un coupé, une voiture de collection. Il rêve de pouvoir se payer un jour une Ferrari et un Riva.

Il boit du lait, des jus de fruits, du « Coca » light. Pas question d'alcool ou de tabac, qu'il juge « has been ». Un pétard de temps en temps. Il a une « copine ». Il adore les enfants, mais n'envisage pas d'en avoir pour l'instant. Il aime blaguer et faire des farces à ses collègues. Il ne s'intéresse qu'à ce dont tout le monde parle. « Il faut être "branché", il faut être "tendance" », me dit-il. Enfin, il ne veut pas se prendre la tête…

Verbe rapide et phrases courtes. Son discours est émaillé de mots anglais. On lui a fait miroiter la perspective d'être muté aux *States* dans deux ans, si tout se passe bien, et ce n'est pas fait pour lui déplaire.

On lui paye un coaching. Il vient me voir bien volontiers, pour être encore plus performant.

Homme enfant avec un imaginaire pauvre et conformiste, sans authentique demande personnelle, je suis contraint de décliner la demande de son entreprise.

Peut-être que Boby, de structure narcissique, aura la chance d'entrer un jour dans la structure névrotique. Pour l'instant, laissons-le jouer…

6. L'homme nouveau

L'arrivée massive depuis une trentaine d'années en Occident de ces sujets de structure narcissique, et plus précisément de ces sujets de structure pseudo névrotique (cf. Synthèse), nous interroge et nous conduit à souligner le poids de la civilisation sur la formation du psychisme humain. C'était la thèse soutenue par Kardiner, avec sa notion de « personnalité de base ».

Faisons un peu de « psychologie fiction ». Cette structure psychique serait-elle appelée à devenir dominante au détriment des structures névrotiques « classiques » traditionnelles, hystérique et obsessionnelle ? (cf. Synthèse) La société, qui tenait jusqu'alors sur ses deux « pieds », devra-t-elle à l'avenir boiter sur trois pieds ? Sans aller jusque-là, Lacan avait déjà souligné très tôt la plus grande difficulté qu'avait la fonction de la Loi à s'incarner dans le lien social.

7. Le manager *unlimited*

Le manager narcissique, c'est comme une voiture de formule 1, ça va vite, ça va fort, mais ça casse rapidement et tout aussi fort. Bon nombre de managers de haut niveau, de sportifs de haut niveau, de danseuses classiques sont de structure limite. Efficacité opérationnelle, hyperactivité comme mécanisme de défense contre l'angoisse, acharnement au travail, une éthique et une morale peu prégnantes, sont les caractéristiques du manager limite. Rien n'est plus angoissant pour lui que de se retrouver dans l'inactivité, de se retrouver le samedi et le dimanche sans ses dossiers, de se retrouver sur la plage au mois d'août, avec femme et enfants. Si tout temps d'inactivité est mal vécu, un arrêt de travail pour longue maladie, un licenciement, une mise à la retraite ont souvent des effets catastrophiques pour l'individu. Son style de management, autoritaire, « autiste », est centré sur la fuite de l'angoisse, ce qui lui procure une redoutable efficacité. Voilà un profil psychologique qui devrait intéresser les chasseurs de têtes… On peut se demander si le profil psychologique du manager de haut niveau ne serait pas un profil de structure narcissique, sur un pôle névrotique. Si cette hypothèse se vérifiait, il y aurait alors lieu d'être inquiet sur le climat généré par la culture à venir des grandes entreprises modernes.

8. La femme battue

Un père militaire de carrière, colonel, une éducation à la baguette – il la frappait avec son ceinturon à la moindre incartade. Une mère effacée et très peu féminine, méprisée par son mari.

Toujours première de classe au lycée. Des études à HEC, qu'elle fait dans l'excellence, mais dans l'ennui.

Cela fait plus de trois ans qu'Isabelle est à un poste de responsable du département « Événements », dans cette entreprise de crèmes glacées d'une multinationale de l'agro-alimentaire. Autoritaire avec ses collaboratrices, qu'elle appelle « ses filles ». Des jeunes femmes qu'elle n'écoute pas, impatiente, colérique avec elles, ne supportant pas la moindre erreur de leur part. Ce qu'elle veut, c'est l'efficacité ! Un bourreau de travail, dix heures par jour, épuisée le soir. Elle apprécie son supérieur hiérarchique, autoritaire et exigeant, qui la mène « à la *schlag* » comme elle dit.

Pensée opératoire, peu de fantasmes. Elle avoue crainte et désir de viol dans le parking de son entreprise. La « bagatelle » ne l'intéresse pas trop. Rupture récente avec un homme rencontré dans son entreprise, qu'elle trouve « trop gentil » et auquel elle reprochait une « sexualité trop tendre et trop sécurisante ». Et puis elle avait peur de s'ennuyer avec lui. Elle avoue ne pouvoir jouir qu'avec des *bad boys* dans une sexualité à coloration sadomasochiste. Elle a 38 ans déjà. Elle est consciente de l'horloge biologique, mais l'idée de la déformation de son corps par la maternité lui fait horreur.

Tailleur strict, coiffée à la garçonne. Elle aime les sensations fortes, elle aime le risque : rouler trop vite, pistes noires, équitation ; la mort, c'est pour les autres. Et puis elle préfère vivre peu mais fort… Il y a aussi la danse, le modern jazz, sa « seconde drogue », dit-elle, avec l'entreprise. Fascinée par son propre corps dans le miroir. Elle souffre de troubles alimentaires. Alternance d'anorexie et de boulimie. Elle se fait vomir pour rester mince. Rester mince, son obsession… Des bouteilles d'eau minérale s'alignent sur son bureau. De nombreux cauchemars. Le dernier : une panne de réfrigérateur dans l'usine, la crème glacée envahissant son espace de travail, en s'infiltrant sous la porte fermée.

Elle ne conçoit les relations amoureuses et professionnelles que dans des rapports de force. Peu d'amis, des amis utiles. Elle s'ennuie rapidement avec les gens. Angoissée pourtant le soir à l'idée de se retrouver seule chez elle. Elle regarde sous son lit avant d'aller se coucher. Elle avoue regarder dans les placards de son bureau chaque matin quand elle arrive, pour voir si quelqu'un ne s'y serait pas glissé…

C'est en raison de son style de management jugé trop rigide que son DRH me l'a adressée pour du coaching. Elle acceptera une psychothérapie. Âme sans âme, le projet thérapeutique consistera à souffler sur la braise presque éteinte de son imaginaire, pour trouver du sens dans sa vie et dans son travail, pour la faire sortir de son univers psychique archaïque dont elle est prisonnière, pour lui faire renoncer à la jouissance, afin qu'elle puisse accéder au désir et peut-être à l'amour.

Isabelle présente bien les principaux caractères de la structure narcissique : relations dans des rapports de force, relations « utiles », hyperactivité, imaginaire pauvre, sexualité à « coloration » perverse, conduites à risque, cauchemars à répétition, l'anorexie et la boulimie sont des maladies propres à la structure narcissique. Si l'apparence du comportement superficiel peut faire penser à une structure hystérique, on observe qu'à aucun moment Isabelle ne se pose la question de son sexe, marquant ainsi son ancrage dans une structure narcissique (pseudo-névrotique). Le travail thérapeutique consistera donc à la faire entrer dans la structure hystérique.

9. Les maladies de la structure narcissique

Chez le sujet de structure narcissique, les symptômes névrotiques classiques sont à peu près absents par défaut d'élaboration psychique. L'individu limite se caractérise surtout par une pathologie addictive : addiction à un produit (toxicomanie, alcoolisme, pharmacodépendance), addiction alimentaire (anorexie ou boulimie), addiction « amoureuse » (soumission au désir d'un autre, dépendance sexuelle), addiction à une idée (fanatisme, politique ou religieux, patriotisme d'entreprise, soumission à une secte), addiction à une activité physique ou psychique (sport, danse, activité professionnelle). La vie de l'individu limite, sur le versant pathologique, est souvent marquée par la dépendance.

La pathologie physique, si elle existe, se concrétise par un stress qui se manifeste dans le corps. Alors que les symptômes physiques de la névrose hystérique sont fonctionnels (cf. Chapitre 3.10), les symptômes physiques chez l'individu narcissique sont organiques en ce sens que le corps est altéré : ces maladies sont dites « psychosomatiques » (cf. Chapitre 5.11). En l'absence de production imaginaire efficace (l'imaginaire devant fonctionner comme un airbag contre le stress), le stress attaque l'individu à son maillon physique le plus faible, ce qui déclenche une maladie organique classique. Il s'agit généralement de maladies infectieuses, gastro-intestinales ou cardio-vasculaires.

L'individu de structure limite craint par-dessus tout de tomber dans une dépression, toujours sévère chez lui. Chez le sujet de structure névrotique, la dépression ne remet pas en cause la structure de l'individu. Chez l'individu narcissique, en revanche, elle remet en cause l'équilibre précaire dans lequel il s'était installé jusque-là. À l'issue d'une dépression, l'individu peut soit régresser vers une structure perverse ou psychotique (en fonction du pôle dominant), soit rester dans un statu quo, soit (notamment à l'aide d'une psychothérapie d'inspiration psychanalytique) parvenir à une structure névrotique définitive (si le pôle névrotique est dominant) sur un registre vraisemblablement hystérique (cf. Synthèse). On soulignera que si le moi et le surmoi sont trop faibles, que si le transfert (le relationnel) est insuffisant, une cure psychanalytique classique est en principe inappropriée.

10. *The golden boy*

Enfant adopté à l'âge de 12 ans par une famille qui comptait déjà deux enfants plus âgés que lui, malgré l'éducation équilibrée que lui ont donnée des parents attentifs, Christian n'a jamais pu se défaire d'un sentiment d'insécurité.

Il aime l'argent et la finance. D'ailleurs, enfant, il mettait l'essentiel de son argent de poche dans une tirelire, et plus tard sur un livret de Caisse d'épargne. Ça le rassurait. Après des études à l'ESCP, c'est tout naturellement qu'il est devenu *trader* chez un grand *broker* américain. Il aime l'ambiance de la salle des marchés, il aime l'ambiance de la Bourse. Il aime le *ticker* défilant, les cours, les valeurs, les cycliques, les *junk bonds* les *hedge funds* les warrants. Il aime l'attente de la clôture à Paris, à New York. CAC 40, Dow Jones, Standard and Poor's, NASDAQ, etc. C'est une étourdissante leçon de finance boursière qu'il m'impose lors de notre première rencontre.

Si la finance le passionne, elle encombre et empoisonne aussi sa vie, comme toute passion… Il se rend compte qu'il ne fait que travailler, quasiment rien d'autre. Il travaille jusqu'à tard le soir et boursicote aussi pour son propre compte, avec succès d'ailleurs. Il se couche de plus en plus tard, et les nuits blanches sont de plus en plus fréquentes. Il a installé chez lui une « salle des marchés » privée. Après la clôture à Wall Street dans la nuit, ce sont les Bourses de Tokyo et de Hong Kong, qu'il taquine depuis son clavier, à la maison. Achat, vente, rallye, il aime le coup d'adrénaline. Il en est arrivé à souffrir d'insomnie, d'épuisement physique et psychique, d'amaigrissement – il ne fait qu'un seul repas par jour, abuse du café…

À 28 ans, les femmes ne l'intéressent pas beaucoup. Quelques expériences malheureuses, au cours desquelles son impuissance s'est révélée. Oui, les femmes l'ennuient, « parce que je suis intoxiqué par la bourse », me lâche-t-il. C'est pour cette addiction grave au travail que Christian est venu me demander mon aide, avec le projet d'entamer une psychothérapie.

Christian, comme c'est souvent le cas dans la structure narcissique, s'intoxique par son travail pour calmer son angoisse. Sa psychothérapie s'apparentera à une cure de toxicomane.

11. Le « normopathe »

Les fées qui s'étaient penchées sur son berceau lui avaient tout donné. Né dans une famille aisée, Alexandre avait été soumis à une éducation très stricte et bénéficié de solides études à HEC, puis aux États-Unis. Il avait fait une carrière fulgurante au sein d'un groupe multinational, tant et si bien que, à 48 ans, il avait réussi à être l'un des lieutenants les mieux placés pour prendre la tête de la holding. Fier, distant et froid, le physique avantageux, travailleur infatigable, peut-être trop imbu de lui-même, il était un gagneur sans état d'âme, au parcours sans faute. Oui, Alexandre était un homme d'action. C'était un manager compétent, efficace, performant, dynamique. Il prônait en tout l'excellence, la qualité totale et le zéro défaut. Exigeant avec lui-même, il l'était aussi avec les autres et savait à l'occasion se montrer féroce envers ses collaborateurs, lorsqu'il jugeait qu'ils n'avaient pas été à la hauteur des résultats escomptés.

Alexandre aimait comparer le monde de l'entreprise avec celui de la compétition sportive, où il faut être le meilleur. Levé chaque matin à 5 heures, grand amateur de tennis, il trouvait encore le temps, malgré un planning surchargé, de s'entraîner deux ou trois fois par semaine dans cette discipline, où il avait réussi à atteindre un niveau plus qu'honorable. Il était un adepte de la forme, du ventre plat et des petits plats hypocaloriques. Il se vantait d'ailleurs de ne jamais fumer, ni boire, tout juste un doigt de champagne à l'occasion d'un succès à fêter. Alexandre avait mené sa vie affective comme une entreprise : une femme superbe et de bonne famille, trois beaux enfants, auxquels il pouvait espérer transmettre un héritage substantiel. Cependant il se contentait, disons-le, d'une sexualité pauvre et hygiénique, avec parfois une petite incartade sans conséquence au menu conjugal, lorsqu'il était en voyage d'affaires. Alexandre était à l'aise dans la civilisation, avec un esprit sain dans un corps sain, trop sain peut-être… Un homme au destin prévisible, à l'avenir brillant, le destin d'un bâtisseur d'empire. Voire…

Les choses ont commencé à se gâter quand un investisseur japonais a pris le contrôle du groupe. Restructuration, changement de méthodes. Alexandre s'est trouvé relégué, avec le titre pourtant ronflant de « conseiller technique » auprès du nouveau P.-D.G. Il était suffisamment lucide pour se comprendre qu'il avait été placé sur une voie de garage – manière élégante de le jeter aux oubliettes. On disait de lui qu'il n'était pas à plaindre, puisqu'il avait échappé au licenciement, avec un salaire identique et des avantages en nature maintenus : appartement et voiture de fonction.

Ce fut pour Alexandre le début d'un drame. Il n'a pas réussi à faire face à cette nouvelle situation, qu'il vivait comme une intolérable blessure narcissique. Son univers mental s'était toujours limité, à peu de choses près, à une pensée opératoire, logique et rationnelle. Son unique fantasme avait été celui de la maîtrise de soi, des choses, des autres, des femmes, de son entreprise et/ou de ses collaborateurs. Incapable de faire le deuil de cette toute-puissance imaginaire, Alexandre a commencé à dépérir. Il est devenu irritable, colérique, sexuellement impuissant. Il pouvait aussi passer de longues heures sans dire un mot. Petit à petit, il a cessé toute activité physique. Boulimie, prise de poids, insomnie, douleurs gastriques. Un peu plus d'une année après sa nouvelle affectation, son médecin diagnostiquait un grave ulcère à l'estomac. Son stress avait fini par s'exprimer dans une maladie psychosomatique bien réelle. Il devait payer ainsi au prix fort son hyperadaptation, son conformisme et la jouissance narcissique mortifère qu'il en tirait.

Confronté à la perspective d'une gastrectomie en cas d'aggravation de son mal, Alexandre a pris des mesures. Il a entrepris une psychothérapie. Il s'est mis à travailler à temps partiel dans le service de formation d'une entreprise du groupe. Il s'est remis à faire du sport. Il a pris le parti de se consacrer davantage à sa famille. Peu à peu, il a retrouvé le goût de vivre, malgré un état de santé encore précaire, en prenant le temps de s'écouter enfin et d'écouter les autres, faisant ainsi son entrée dans une structure névrotique définitive.

Alexandre, de structure narcissique, est une machine qui ne supporte pas la panne. Son entreprise est une machine. Ses collaborateurs sont les rouages de cet appareil. Son management se limite à des relations « utiles », comme sont utiles à son narcissisme sa femme et ses enfants. L'hyperactivité (travail et sport) est sa principale défense contre l'angoisse. C'est parce que son imaginaire est trop pauvre pour « éponger » le stress, que l'agression psychique de la mise au placard prendra pour lui la forme d'une maladie psychosomatique.

Chapitre 6

Puis-je jouir ?

1. L'enfant est le père de l'homme

« Puis-je jouir ? » c'est la question du pervers. C'est aussi celle de l'enfant…

L'enfant est le père de l'homme. Si le sujet adulte n'est plus un enfant, les exigences pulsionnelles de l'enfance se font toujours sentir en lui : sous une forme atténuée chez le sujet de structure névrotique (la structure de la « normalité ») ; sous une forme caricaturale chez le sujet de structure perverse. Le pervers est, en quelque sorte, un enfant qui a mal vieilli, et qui est resté prisonnier de ses pulsions et de sa jouissance.

Freud a défini l'enfant comme un « pervers polymorphe ». En ce sens, nous avons tous été pervers. L'enfant jouit de tout son corps et de tous ses trous, oserons-nous dire ; et ceci dans la plus parfaite amoralité. Ainsi, à propos d'une phobie infantile chez un petit garçon, Hans, Freud écrit : « Notre petit Hans semble vraiment être un modèle de toutes les perversités. » C'est l'éducation et l'intériorisation du surmoi, l'instance morale, qui va conduire l'enfant à l'abandon relatif des stades prégénitaux de sa sexualité (oral, anal et phallique) et à la soumission aux interdits majeurs. C'est le refoulement qui lui fera remiser dans son inconscient les désirs interdits. Avec l'acquisition d'un surmoi, notre petit bonhomme ou notre petite bonne femme accédera à une sexualité génitale (stade de maturité sexuelle après le stade phallique), qu'on lui souhaite fraîche et joyeuse ; il (ou elle) accédera au désir, à l'amour, à l'amitié, à la sublimation dans le travail, à la solidarité et à la coopération dans la société et l'entreprise, à la citoyenneté, et peut-être à l'action politique. C'est en renonçant à la jouissance perverse que le petit enfant deviendra un adulte et un être social.

L'individu pervers est donc resté, d'un certain point de vue, un « enfant » ; avec une « sexualité » infantile, dans le pulsionnel, dans la jouissance et dans l'amoralité. Mais alors que la sexualité de l'enfant est polymorphe, la sexualité du pervers s'est « spécialisée » en se fixant à un stade prégénital dans une pratique qu'il répète de façon exclusive et stéréotypée (cf. Chapitre 6.13).

2. Nostalgie

Nous avons tous été « pervers », rappelez-vous, c'était quand nous étions enfants. Tout sujet de structure névrotique est habité par la nostalgie de cet âge d'or de la jouissance. La braise est là, tapie dans un coin de notre mémoire, une braise qui ne demande qu'à flamber à l'occasion, lors d'une rencontre avec un complice pervers, notamment.

Par ailleurs, il convient de souligner avec Freud, qu'il y a dans toute sexualité « normale » une coloration perverse plus ou moins marquée et nécessaire.

La « perversité » du névrosé doit donc être distinguée de la perversion du pervers. Et c'est ce noyau pervers du névrosé que le pervers va tenter d'atteindre lorsqu'il lui arrivera de le rencontrer. C'est le feu mal éteint de la jouissance perverse infantile du névrosé que le pervers tentera de rallumer en provoquant une levée momentanée de refoulement. Et si le névrosé s'y laisse prendre, ce sera au prix, dans un second temps, de l'angoisse et de la culpabilité suscitées par son surmoi. Toute jouissance a en effet un prix… Faust ne donne-t-il pas son âme au Diable pour jouir indéfiniment ?

On a vu comment le sujet de structure hystérique, encombré par la question de la différence des sexes, était le complice, puis la victime toute désignée du pervers, qui lui promet une jouissance hors sexuation, qui n'est en réalité qu'une jouissance « présexuelle »… (cf. Chapitre 3.8). Dans le monde de l'entreprise, bon nombre de cas de harcèlement sexuel ou moral doivent se comprendre à partir d'une rencontre entre un individu pervers (toujours un homme) et un individu hystérique (femme ou homme).

Il est vrai que le névrosé aimerait bien être pervers. Le pervers le fascine car il jouit sans s'encombrer d'éthique et de morale. Le névrosé, lui, a dû payer un prix psychique exorbitant pour renoncer à la jouissance interdite. Le névrosé aimerait bien être pervers, mais il lui faudrait alors renoncer au désir et à l'amour, à son humanité en quelque sorte… Le pervers paye le prix de sa jouissance en renonçant au désir et à l'amour, le névrosé paye le prix du désir et de l'amour en renonçant à sa jouissance infantile. C'est à cette dure tâche que l'enfant est convié pour devenir adulte.

Le pervers est « toxique » ! En guise de baume au cœur destiné aux névrosés, Freud affirmait que la seule consolation qu'on a à l'égard de la perversion, c'est d'être certain que cela finira mal, devant les tribunaux par exemple.

© Groupe Eyrolles

3. Les règles du jeu

La structure perverse (qui ne concerne que les hommes, même si cette idée est contestée par certains analystes) se définit par un rapport particulier du sujet à la Loi et non par rapport à un comportement sexuel déviant, même s'il y a chez tout sujet pervers une pratique sexuelle déviante. D'autre part, il ne faut pas confondre la structure perverse avec des comportements « pervers » que l'on peut trouver chez tout un chacun, notamment dans la structure hystérique.

La Loi, le pervers la connaît, mais il ne se sent pas concerné par elle. La Loi, c'est bon pour ces naïfs de névrosés, tristement encombrés par leur surmoi. Il y a chez l'individu pervers une insuffisance du refoulement et une défaillance du surmoi par rapport au ça. Il est donc essentiellement soumis aux « ordres » du ça et à un impératif catégorique de jouissance. La question fondamentale du pervers est bien : « Puis-je jouir ? » La Loi, il ne la connaît parfois que dans sa manifestation policière et judiciaire, lorsqu'elle s'incarne dans le gendarme et le juge, du moins en ce qui concerne les jouissances illicites. Pour le reste, un seul mot d'ordre : pas vu, pas pris, puisque l'individu pervers ignore la culpabilité.

Ce n'est donc pas la Loi que craint l'individu pervers, mais le gendarme et son coup de bâton. Si on se plaint du pervers, lui ne se plaint pas de sa jouissance ; il se plaint de la répression, lorsque ses pratiques sont passibles de sanctions pénales. C'est pour cette raison que l'on rencontre plus d'individus pervers devant les tribunaux, que dans le cabinet du psychiatre ou sur le divan du psychanalyste. D'ailleurs, sans surmoi, le sujet pervers est inanalysable. En

© Groupe Eyrolles

effet, avec le pervers, on ne peut être que complice ou moraliste, mais psychanalyste jamais, pas plus que coach d'ailleurs (cf. Chapitre 6.11). Si un individu pervers vient consulter un psychanalyste, au mieux c'est un malentendu, au pire, c'est pour le mettre à l'épreuve et pour jouir de lui. Seuls des honoraires prohibitifs peuvent faire sentir au pervers le vent du boulet de la Loi. Alors il renonce généralement, et ne poursuit pas longtemps la cure…

4. Un père primitif pervers ?

Dans *Totem et Tabou*, Freud part de l'hypothèse d'une horde primitive à l'aube de l'humanité, soumise à un père jouisseur et tyrannique, ayant le monopole des femelles.

Un père pervers, jouisseur, qui n'aurait de compte à rendre à personne ? Non, parce qu'il n'existe pas de pervers sans Loi. Ce sont les frères qui vont fonder la Loi, après le meurtre de ce père tyrannique, avec les trois interdits majeurs : l'inceste, le meurtre et le cannibalisme. C'est la naissance de la Loi, qui va permettre l'émergence des structures psychiques, de la structure névrotique comme fondement du lien social et de la structure perverse notamment.

Encore un mot. Ce père jouisseur semble, selon Freud, avoir un goût immodéré pour les femmes, une sexualité génitale sans la moindre velléité de déviance, plus proche de la sexualité animale que de la « sexualité » perverse. En effet, dans le mythe freudien, l'émergence de la Loi a pour effet de faire passer la horde d'une « société » animale à une société humaine.

Un mythe d'origine donc, pour l'élaboration duquel Freud s'était appuyé sur des documents issus d'une ethnologie naissante et aux fondements scientifiques suspects. Il n'est pas certain que Freud lui-même ait pris l'existence de cette horde au sérieux.

Un mythe, un fantasme… mais aussi une réalité ? Combien de patrons de PME et de PMI se comportent comme ce père primitif ? Cette attitude a pour nom harcèlement sexuel, harcèlement moral…

5. Fascinus

Le pervers est fasciné par la Loi, fasciné par le névrosé soumis à cette Loi, tout comme le névrosé est fasciné par le pervers soumis à la jouissance. C'est à ce titre que le pervers va expérimenter jusqu'où le névrosé est prêt à respecter cette Loi, jusqu'où il va tenir, à quel moment il va succomber pour devenir son complice en jouissance. Le pervers invite le névrosé à réaliser ses désirs interdits ; il souffle sur la braise de sa « perversité » infantile, s'emploie à lever le refoulement chez son complice et future victime, en l'invitant ainsi à détruire son « identité » de névrosé. Le pervers est bien un facilitateur de jouissance. Il met ainsi notre névrosé (généralement de structure hystérique) au défi. Il lui suggère d'expérimenter et de repousser ses limites, que lui, le pervers ignore. Pour piéger le névrosé dans son narcissisme, il lui dit : « T'es trop bien pour te laisser arrêter par les limites de la Loi, des usages du corps, du plaisir et de la souffrance. Fais comme moi : jouis ! » Dès lors, le pervers attend le moment où le surmoi du névrosé se réveillera pour infliger à notre voleur de confiture la punition de l'angoisse et de la culpabilité, ce moment où le complice devient victime. Car la jouissance du pervers consiste également à jouir de l'angoisse que provoque chez l'autre sa propre jouissance interdite. Cette angoisse de l'autre, il cherche à la susciter, elle est une sorte de mets savoureux dont il se délecte (cf. Chapitre 3.8).

C'est donc parce que le pervers a échoué à l'intérioriser que la Loi le fascine. Paradoxe, le pervers est un « amoureux » de la Loi, Loi qu'il met à l'épreuve avec son complice et victime, le névrosé.

Si le pervers joue avec la Loi, son rêve est bien de séduire celui qui incarne la Loi : le père, le prince, le juge, le gendarme, le manager ou le curé… On entend souvent dire que le pervers transgresse la Loi. C'est vrai, mais la réalité est plus compliquée qu'elle n'en a l'air. S'il transgresse cette Loi, c'est parce qu'il jouit de la transgression. Il provoque et défie cette Loi. De cette manière, il s'assure de l'existence de la Loi, mais aussi que quelqu'un (le père, le supérieur hiérarchique, le juge, le policier, etc.) est toujours quelque part pour la lui rappeler, même s'il doit pour cela encourir des sanctions. Mais il la respecte aussi parfois à la lettre cette Loi, quand il en a repéré les silences, les ambiguïtés, les contradictions ou les absurdités. D'ailleurs, l'application du droit dans la société et les entreprises, lui fournit quotidiennement la preuve de l'imperfection des lois. Il sait donc également, à l'occasion s'inscrire dans un formalisme et un légalisme sans faille pour piéger sa victime. Transgresser ou respecter ? C'est selon… Et quand il n'y a pas de Loi, il a beau jeu de proposer une Loi, sa loi, celle de sa jouissance.

6. Théâtre du jeu

Méprisant la Loi des hommes, le sujet pervers butte nécessairement sur les lois de la nature, du hasard et des probabilités, les seules qui méritent qu'il s'y confronte, puisque la confrontation suprême est pour lui le jeu avec la mort. L'individu pervers est volontiers joueur, il aime jouer à la « roulette russe » et mettre parfois sa vie en danger. Il prend des risques pour voir jusqu'où il peut aller. Et s'il survit à une quelconque roulette russe, c'est bien la preuve qu'il est plus fort que les lois du hasard...

En voulant échapper aux lois des hommes et de la nature, le pervers tente d'échapper à son humanité. En ce sens, le mythe du surhomme de Nietzsche, c'est-à-dire d'un sujet qui ne serait pas soumis à la Loi, est bien un mythe pervers.

Surhomme ou sujet vide ? Paradoxe, l'individu pervers est vide, vide de signifiant, vide de sens. Et c'est pour cela qu'il vampirise et met à l'épreuve ceux qui sont riches de sens, de morale, de Loi, de culture, de signifiants et de vie.

Fondamentalement, l'individu pervers s'ennuie, et c'est pour cela qu'il cherche des émotions fortes : jeux avec une « sexualité » épicée, jeux avec le gendarme, jeux de « société » (l'entreprise, par exemple), jeux avec l'argent, jeux avec la vie et la mort.

Si l'individu pervers ne se sent pas concerné par la Loi, il est friand de « lois » qu'il s'impose à lui-même, de rituels plus ou moins compliqués, de mises en scènes précises, voire tatillonnes, dont il jouit. Il peut se montrer très procédurier pour piéger sa victime. Ne se considérant pas soumis à la Loi, il crée ses lois, ses rituels et sa liturgie propre, nécessaires à sa jouissance. Dans l'entreprise il peut imposer des règles « maison », non écrites, exigeant à la fois une chose et son contraire pour provoquer l'angoisse de l'autre (injonction paradoxale). Pour lui, la vie est un théâtre. On se souviendra de l'intérêt de Sade pour la mise en scène théâtrale, éducation théâtrale reçue des Jésuites.

7. Ni dieu, ni maître

Ni dieu, ni maître : le sujet pervers ne croit pas en Dieu, ce qui ne l'empêche pas de taquiner le curé à l'occasion, pour jouir de ses désirs refoulés et de ses contradictions. L'individu pervers est un tentateur et si l'Église catholique intégrait un peu de « psychanalyse » dans sa théologie, elle ferait du pervers l'incarnation de Satan, du Malin et du Diable.

Ni dieu, ni maître : le pervers n'a pas de maître. Du moins le croit-il. Jouis ! Tel est son impératif catégorique. En ce sens, l'individu pervers est « moraliste »… Cette injonction implique toutefois que la jouissance est le maître du pervers, que le pervers est l'esclave de sa jouissance. Le pervers se croit libre, mais s'il est libertin, libre il ne l'est certainement pas.

Moraliste le pervers ? Oui, d'une certaine manière et même pédagogue. Il aime se montrer pédagogue, éducateur, prêcheur, prosélyte, initiateur. On se rappellera du ton de mentor de Sade dans ses écrits. L'individu pervers autorise, déculpabilise et facilite. Il autorise d'autant plus lorsqu'il revêt les oripeaux de ceux qui sont chargés d'incarner la Loi. Initiateur aussi, l'individu pervers attire sa victime en invoquant un secret qu'il détiendrait et auquel il pourrait l'initier. L'individu pervers, enfin, est un expérimentateur, un expérimentateur des limites qu'il cherche à transgresser ou à reculer le plus possible : limites de la Loi, limites de la nature, limites du corps, limites de la souffrance et du plaisir, limites de la mort. Dans l'entreprise, c'est essentiellement autour de la loi que se cristallise le jeu du pervers (transgression, formalisme, injonctions paradoxales, etc.). L'individu pervers est un « chercheur » qui aime défier sa victime pour qu'elle participe à ses recherches.

Méchant le pervers ? Non. L'individu pervers ne cherche pas nécessairement à nuire. Il cherche d'abord à jouir et s'il nuit, c'est que la nécessité de jouir le lui impose. Nuire est un moyen de jouir parmi d'autres. S'il recherche votre angoisse, ce n'est pas pour vous nuire, c'est pour se délecter de l'angoisse qu'il lit dans vos yeux.

8. L'horreur du sexe !

En préambule, il convient de rappeler que la « sexualité » perverse est la mère de la sexualité génitale, la mère de la sexualité normale. S. Freud notait que la prédisposition aux perversions était la prédisposition originelle et universelle de la pulsion sexuelle. Et il souligne que le passage du sujet par une « sexualité perverse » pendant l'enfance est constitutif à l'avenir d'une sexualité dite normale. La sexualité humaine est perverse en son fond, dans la mesure où elle ne se détache jamais tout à fait de ses origines.

On s'imagine que l'individu pervers est un « obsédé sexuel ». On a tort, mais encore faut-il s'entendre sur le terme de sexuel.

Le sujet pervers, rappelons-le, n'a pu atteindre une sexualité génitale. Il s'est arrêté en route. Il est resté cantonné dans une sexualité infantile. Cependant, si l'enfant est polymorphe dans sa « sexualité », l'individu pervers s'est, pourrait-on dire, « spécialisé » dans un type de comportement sexuel déviant et exclusif. En psychiatrie, c'est ce critère de déviance et d'exclusivité qui va déterminer le diagnostic de perversion (de paraphilies) chez un individu (cf. Chapitre 6.13).

Si le pervers est capable de rapports sexuels normaux, pour rassurer sa victime, il fait des hors-d'œuvre son plat de résistance, alors que le névrosé limite en principe ses goûts pervers aux préliminaires. Freud soulignait que toute pratique sexuelle dite normale comportait une part plus ou moins importante de « perversité ». Une sexualité « fraîche et joyeuse », n'intéresse pas le pervers, limité dans la sphère du prégénital. Pour l'individu pervers, la sexualité « normale » n'est qu'un simple appât destiné à ferrer sa victime. Au début, il se doit d'être en apparence conforme, afin de rassurer, en attendant d'inviter l'autre, plus tard, à prendre le chemin des glissements progressifs du plaisir.

Ainsi, l'individu pervers dévalorise la sexualité normale pour désérotiser le sexuel et érotiser le non-sexuel. Dans le fétichisme, par exemple, le pervers jouit de la chaussure à talon de femme (érotisation d'un objet non sexuel) et se désintéresse de la dame qui la porte (désérotisation d'un objet sexuel). On pourrait même affirmer que le pervers a horreur du sexe !

On l'a compris, le pervers n'aime ni la famille ni les bébés, et s'il devient père, c'est par accident biologique. En effet, l'individu pervers ne s'intéressant ni à son nom, ni à ses ancêtres, ni à sa famille, n'a rien à transmettre, ni loi, ni morale. Il n'a aucune envie de laisser une trace biologique ou symbolique. Après lui, le déluge !

9. Fantaisies

Chez le sujet de structure névrotique, le fantasme a pour fonction de réaliser de façon « théâtrale », en représentation, ses désirs refoulés. En ce sens, le fantasme est toujours pervers et permet au névrosé d'exprimer son noyau pervers, d'être acteur sans passer à l'acte.

Chez le pervers, le fantasme doit se réaliser dans la réalité. Si le névrosé exprime son fantasme dans la théâtralité du rêve éveillé, dans une œuvre (artistique, littéraire, scientifique, technique ou professionnelle), c'est-à-dire dans la sublimation ; le pervers, lui, passe à l'acte. La sublimation permet au névrosé de se livrer à toutes les fantaisies, à toutes les perversions interdites par son surmoi, avec la bénédiction de ce même surmoi. À l'inverse, le pervers, sans surmoi, n'a pas besoin de sublimer. Le névrosé passe à l'œuvre, le pervers passe à l'acte…

Par sublimation, il faut entendre un mécanisme de défense contre l'angoisse qui consiste, pour le névrosé, à réaliser un désir prohibé par l'instance morale, le surmoi, dans une activité acceptable par cette même instance. Comme on ne peut pas tout se permettre dans la vie, la sublimation a pour fonction de blanchir les noirs désirs qui sommeillent chez tout un chacun. Ces noirs désirs, le pervers, lui, les réalise !

Si les fantasmes et fantaisies perverses sont innombrables, à tel point que l'on serait tenté de parler de la « richesse des perversions », à l'échelle de l'individu, le fantasme est stéréotypé, fixé, pauvre, le sujet cherchant à le réaliser dans une monotone répétition.

10. Le manager pervers

Il faut bien constater que le pouvoir attire le pervers comme la lumière le papillon. Le pouvoir, en effet, autorise les jeux de manipulation dont il est friand. Bien entendu, nous ne voulons pas dire par là que tout chef d'État, tout homme politique, tout manager, est un pervers… Pourtant, les entreprises sont des terrains de jeu privilégiés pour la jouissance du pervers : le harcèlement sexuel ou moral est un exemple fréquent (cf. Chapitre 6.11). Le style de management de l'individu pervers est donc essentiellement centré sur la recherche de la jouissance.

Si l'individu pervers peut se montrer machiavélique pour accéder au pouvoir, il convient de distinguer perversion et machiavélisme. Le machiavélisme n'implique qu'un aspect technique, la fin justifiant les moyens. Machiavel nous enseigne la manière de prendre et de conserver le pouvoir, ni plus ni moins. Le pervers nous enseigne comment on peut utiliser le pouvoir pour jouir, car jouir du pouvoir ne lui suffit pas. Et s'il est machiavélique, c'est par nécessité pratique, ni plus ni moins. Si tout le monde peut se montrer machiavélique, à un instant ou à un autre, tout le monde ne peut pas être pervers…

Bien entendu, il n'est pas question pour un coach de prendre en charge un pervers, ce dernier ne se privera pas de se jouer de lui, en cherchant son angoisse pour en jouir.

11. Harcèlement !

D'abord « pirate », spécialiste des virus par jeu, puis par profession, Xavier, 32 ans, avait monté sa propre agence spécialisée dans la sécurité informatique, avant de prendre la responsabilité de la surveillance informatique et vidéo dans un grand magasin parisien.

La sécurité, il adore. « Aller à la chasse » aux virus et aux voleurs, sa passion. Une autre passion, la nuit, les boîtes, la « techno ». Il « s'éclate », dit-il. Quelques expériences homo-sexuelles et SM pour voir. Ecstasy, cocaïne, quelques fois l'héroïne. « Il faut tout essayer », m'affirme-t-il. Quand il s'ennuie, il rend visite à ses collaborateurs, pour scruter les écrans de contrôle. Il m'avoue avec un rire nerveux, atten-dant ma réaction, un penchant pour les caméras installées dans les vestiaires et les W.-C. En revanche, dans les par-kings, il ne se passe pas grand-chose, me dit-il avec un air entendu. Et pour faire bon poids, il me confie qu'il aimait, adolescent, regarder sa mère prendre sa douche, mère qui le laissait faire avec complaisance.

Toujours habillé de noir, le teint blafard, dandy, il se dit séducteur. Il aime « flirter » par jeu avec son assistante, pour laquelle il n'éprouve pas le moindre désir. La main aux fesses, en passant, rien de bien grave, précise-t-il. Il avoue qu'il peut être très familier avec elle un jour et une « vraie peau de vache » le lendemain, juste pour voir sa réaction. Et puis il veut tester son attachement, normal…

Mais il vient d'apprendre, il y a trois semaines de cela, par son DRH, que son assistante s'était plainte de lui. Elle l'accuse de harcèlement moral et sexuel. Il se demande bien pourquoi. C'est pour l'aider à répondre à ces accusations mensongères que Xavier est venu me demander un coaching.

Xavier affiche toute la banale panoplie du pervers, incapable du moindre sentiment de culpabilité. Je lui propose alors, pour la forme, une psychothérapie. Proposition qu'il refusera, comme je le prévoyais, après une seconde de stupéfaction, prétextant qu'il n'était pas malade et que ce n'était pas ce qu'il demandait.

Xavier est bien représentatif de ces hommes pervers, qui traversent la vie à côté de leur humanité, sans désir, sans amour, prisonniers de leur jouissance.

12. Une société perverse ?

Toute société humaine a pour socle une communauté d'hommes et de femmes de structure névrotique, c'est-à-dire de sujets soumis à la Loi, dotés de surmoi et ayant renoncé à une partie de leurs pulsions, car il ne peut y avoir de lien social pervers ou psychotique.

Si l'on ne peut concevoir de société perverse, l'Histoire nous montre quantité de sociétés en crise, anomiques, voire décadentes, dionysiennes selon certains. Dans ces sociétés la perversion s'affiche, car elles sont tolérantes pour le pervers, et facilitent la mise en acte de la « perversité » du névrosé, laissant un plus libre cours aux pulsions. Que l'on pense, par exemple, à la fin de la République romaine ou au libertinage dans l'Europe du XVIIIe siècle. La plupart des sociétés occidentales sont, de nos jours, dans cette situation. Cependant, dès qu'il y a société, c'est qu'il existe une majorité « réduite » d'individus constituant les colonnes du temple de la civilisation, qui tiennent la société à bout de bras. Ainsi, si l'on ne peut parler de société perverse, il convient de parler de société à « culture perverse ». Que l'on songe, par exemple, à la publicité commerciale, à la fois miroir d'une société et pôle d'identification, qui déverse à loisir au bon peuple une problématique et une esthétique que l'on pourrait qualifier de « prégénitale », en lui offrant un panorama complet des émois interdits. La publicité nous offre l'idée d'un moi pervers, auquel nous sommes conviés à nous identifier. Il convient cependant de souligner que la notion de perversion est largement culturelle et historique. Ainsi, dans la Rome antique, sodomiser un jeune esclave était considéré comme quelque chose de banal et sans conséquences, alors que des relations homosexuelles avec un citoyen libre étaient, elles, considérées comme particulièrement scandaleuses.

Ces sociétés en crise se caractérisent, du point de vue des structures psychiques, par des stratégies viriles de plus en plus fréquentes chez les femmes de structure hystérique, la flambée de l'hystérie masculine, l'émergence massive de sujets de structure narcissique et l'affichage de plus en plus agressif de la perversion à telle enseigne que l'individu pervers est montré de plus en plus comme une figure identificatoire. Faire le pervers, c'est très tendance. Mais n'est pas pervers qui veut, car la perversion n'est pas une question de goût ou de choix, mais de structure psychique.

Dans les périodes de crise, la Loi est de plus en plus mal incarnée, et ceux qui se commettent à la soutenir, dans la société et dans les entreprises, de par leur structure obsessionnelle notamment, font hurler de rire le bon peuple ludique et jouisseur.

Alors, peut-être que la véritable « aristocratie » ce sont ces hommes et ces femmes, qui, pendant cette période de crise de civilisation, quelle que soit leur place dans la hiérarchie sociale, quelle que soit leur appartenance de classe, de race ou de religion, riches ou pauvres, ont pris le parti, consciemment ou inconsciemment, d'incarner et de soutenir la Loi.

13. Les maladies de la perversion

En psychiatrie, le repérage des maladies de la perversion se fait à partir du comportement sexuel. Il y a perversion lorsque le sujet se livre de façon exclusive à une « sexualité » déviante par rapport au coït sexuel « normal ». C'est en ce sens que l'individu pervers est en échec face à une sexualité génitale. On soulignera cependant la relative faiblesse du critère de normalité, puisque l'homosexualité, considérée régulièrement dans les manuels de psychiatrie comme une perversion, parce que répondant à ces critères de déviance, a disparu il y a peu des perversions (paraphilies). La psychanalyse, elle, distingue les pratiques homosexuelles du sujet de structure hystérique de celles du sujet de structure perverse. L'amour et le désir sont en jeu dans l'un, la seule jouissance l'est dans l'autre.

Ces maladies perverses sont entre autres : le fétichisme, le voyeurisme, l'exhibitionnisme, le sadisme, le masochisme, la pédophilie, la nécrophilie, la zoophilie, etc. Du point de vue pénal, le pervers est considéré comme responsable de ses actes. La psychiatrie moderne (depuis le DSM III, la classification de l'Association américaine de psychiatrie) parle de paraphilie et non de perversion.

© Groupe Eyrolles

CHAPITRE 7

Est-ce que j'existe ?

1. Les martiens !

« Est-ce que j'existe ? » c'est la question que pourrait se poser le psychotique.

La structure psychotique est sans doute la structure psychique la plus fragile que l'on puisse repérer en psychanalyse. Si le passage à la pathologie n'est pas la règle, le sujet psychotique a de fortes chances de tomber malade un jour ou l'autre, au sens clinique du terme. C'est la raison pour laquelle son insertion familiale, sociale et professionnelle est toujours précaire et problématique.

Le psychotique a échoué à construire un moi identitaire. S'il a réussi à se forger un « moi », c'est d'un « faux self » (d'un masque) dont il s'agit – faux self dont la fonction est essentiellement de s'adapter à la réalité et à la société. Toutefois, le psychotique ne croit pas à ce masque de théâtre. Pour lui, ni surmoi ni refoulement. Incapable de relations affectives « normales », son mode de socialisation se situe essentiellement sur un mode projectif (son monde est construit à partir de ses convictions).

Sur le registre paranoïaque (cf. Chapitre 7.3), l'individu psychotique est fondateur de la « Loi ». Sa vérité vaut pour la Vérité. Cette loi personnelle, à laquelle il donne un statut d'universalité, est son point de délire, qui pourra éventuellement s'exprimer sur un registre pathologique par une bouffée délirante. Ainsi, les fondateurs de religions, de sectes ou d'utopies sont souvent des paranoïaques. Le raisonnement du paranoïaque est un raisonnement juste à partir de bases fausses. Tant qu'il n'y a pas eu de bouffée délirante, le « petit délire » peut paraître crédible. La bouffée délirante est une sorte d'« explosion psychique » où idées, perceptions et paroles se bousculent de façon anarchique et apparemment incohérente. Dans ces conditions, il n'est pas toujours facile de distinguer une hypothèse scientifique d'un délire, par exemple.

Sur le registre schizophrénique (cf. Chapitre 7.5), l'individu psychotique peut être d'une intelligence hors du commun. Il excelle souvent dans les descriptions abstraites et formelles (logique, mathématique, informatique, musique, etc.), et dans l'apprentissage des langues étrangères. Le point de délire se repère, par exemple, dans sa propension à créer des néologismes. Ce qui frappe chez le schizophrène, ce sont les dissonances de son comportement, ses bizarreries, dirait-on dans le langage courant. L'isolement social du schizophrène est la règle, et son insertion dans un groupe ou une organisation est problématique. Enfin, les risques de suicide (importants) ou d'homicide ne doivent pas être négligés.

La structure psychotique est une contre-indication à la psychanalyse, au coaching, comme à toute forme de pratique de développement personnel.

2. Le manager psychotique

Tant que le sujet n'est pas entré dans la maladie, le psychotique peut s'insérer professionnellement, mais ce sera toujours problématique. On hésite à parler de « style de management ». Martien parmi les terriens, son style de management serait de passer inaperçu parmi les terriens et de faire illusion avec son « faux self ». Pourvu que ça dure, serait-on tenté de dire. Il convient cependant de souligner que chez l'individu paranoïaque, l'entreprise peut constituer jusqu'à un certain point une prothèse qui lui permet de tenir debout et le protège de son délire (cf. Chapitre 7.3). Chez l'individu schizophrène, étant donné son caractère asocial, l'insertion professionnelle, est encore plus problématique (cf. Chapitre 7.5).

Lorsque la maladie mentale s'est déclarée et qu'un traitement médicamenteux s'ensuit, il n'est pas exclu que le psychotique puisse reprendre une activité professionnelle, mais certainement pas à un poste de responsabilité.

3. Le président Schneider

Il était, à 63 ans, P.-D.G d'une grande entreprise textile d'Alsace. M. Schneider était un patron à poigne, autoritaire, rigide, paternaliste aussi, avec un côté « vieille France ». Colérique, il terrorisait, il faut bien le dire, ses collaborateurs, avec son style de commandement du type « marche ou crève ». Beaucoup d'absentéisme autour de lui. Il se mettait d'ailleurs hors de lui, dès qu'il apprenait la défaillance de l'un de ses « lieutenants ». Il aimait souvent s'épandre en réunion de travail sur les grands problèmes économiques, politiques et sociaux de notre temps, avec une dimension historique et planétaire qui en faisait sourire plus d'un. Bref, ce président philosophe avait toujours à la fin de ses réunions le dernier mot, celui de la « vérité ». Il se plaisait à se considérer comme un missionnaire des Temps modernes et il lui tenait à cœur de confier à son entreprise un rôle phare dans la lutte contre la décadence du capitalisme européen face à l'agresseur économique asiatique. Il aimait donner de son usine l'image d'une citadelle assiégée de l'intérieur par les communistes, les juifs ou les francs-maçons ; assiégée de l'extérieur par le racket du fisc, la menace de l'islam ou le péril jaune. Les notes de service de ce saint Michel terrassant les quatre dragons d'Asie prenaient volontiers le ton lyrique d'une croisade à mener, quand il invitait tous ses salariés, depuis le plus modeste ouvrier jusqu'au cadre supérieur, à se mobiliser sur le front d'un combat impitoyable à mener pour l'Occident civilisé contre l'Orient barbare. Mais les choses n'allaient pas en rester là pour ce personnage à la fois comique et inquiétant.

En 1999, pendant la guerre du Golf, l'entreprise avait bénéficié de très gros contrats de l'armée. Cette réussite économique avait un peu et même beaucoup tourné la tête de notre président. C'est un soir, peu avant 22 heures ; que la femme de ménage normalement affectée à nettoyer son bureau l'a trouvé en plein délire, dans lequel il était question d'une attaque nucléaire de l'Irak sur l'Alsace. Après une brève hospitalisation en psychiatrie, les actionnaires de cette entreprise familiale (vieille famille d'Alsace dont il fait partie) lui ont créé sur mesure un poste honorifique et sans responsabilité, où l'ex-président Schneider peut s'adonner à sa folie raisonnante, sans mettre en péril la santé économique de l'entreprise. Avec un solide soutien médicamenteux, il attend la retraite dans un « placard » doré, où il se livre fébrilement à la rédaction d'un étrange manifeste sur la nécessité de la construction d'une Europe catholique et conquérante, dans laquelle il prévoit un avenir glorieux pour ses enfants et ses petits-enfants…

Le président Schneider, tant qu'il n'est pas tombé dans la maladie, montre les traits classiques d'une structure psychotique sur un registre paranoïaque : rigidité intellectuelle, rigidité sociale, idées obsédantes – la décadence, le catholicisme, la croisade. Le « petit délire » est à thème persécutif. C'est un événement pourtant favorable, les contrats dont va bénéficier son entreprise, qui le fait basculer dans une paranoïa, au sens psychiatrique du terme, cette fois-ci. L'entrée dans la psychose (la maladie) se manifeste par l'apparition d'une bouffée délirante sur un thème persécutif et mystique. Le traitement médicamenteux (neuroleptiques) permet au président Schneider de retrouver une vie professionnelle sinon normale, du moins acceptable socialement dans son intérêt et dans celui de son entourage.

On soulignera que, jusqu'à un certain point, l'entreprise aura été pour le président Schneider un facteur de stabilité psychique, facteur « toxique » cependant pour ses collaborateurs…

4. Les maladies de la psychose

En psychiatrie, les psychoses sont considérées comme les maladies mentales les plus graves. Il convient de souligner que le malade n'a généralement pas conscience de sa maladie. Les psychoses les plus courantes sont la paranoïa, la schizophrénie, la psychose hallucinatoire chronique, la psychose maniaco-dépressive (bipolaire ou unipolaire), la démence sénile, etc. (cf. Synthèse).

En ce qui concerne la paranoïa et la schizophrénie (cf. Chapitres 7.3, 5), l'entrée dans la maladie se fait généralement par des bouffées délirantes répétitives. Délires et hallucinations sont les symptômes classiques de ces deux psychoses. Dans la paranoïa, le délire est structuré autour d'un thème précis (thème religieux, politique, juridique, scientifique, technique, sexuel, etc.). Le monde occidental, avec l'omniprésence de la science et de la technique, a tendance à privilégier ce champ thématique dans la paranoïa moderne (les thèmes religieux et mystiques étant plus fréquents autrefois). Dans la schizophrénie, les délires sont généralement moins structurés.

On notera que certaines schizophrénies, la psychose maniaco-dépressive, pourraient avoir une origine génétique et non liée à l'environnement familial précoce. Les découvertes futures en génétique permettront, sans doute, d'apporter de nouvelles réponses sur les origines de certaines psychoses. La démence sénile, quant à elle, a pour cause un affaiblissement organique du cerveau. Pour la petite histoire, c'est de démence sénile, qu'est mort Philippe Pinel, « l'inventeur » de la psychiatrie...

Il convient donc de distinguer les psychoses psychogénétiques (un événement de la vie, notamment un événement professionnel comme facteur déclenchant) des psychoses organogénétiques (qui ont pour origine un trouble génétique ou organique).

Si les psychoses ne se guérissent pas, elles se soignent. La psychochirurgie (lobotomie par exemple) ne se pratique plus. Les traitements de choc (électrochoc et cure de sommeil) se pratiquent rarement. Ainsi, les neuroleptiques constituent le traitement de base pour la plupart des psychoses. On est loin de nos jours de la camisole chimique aux effets secondaires trop importants, puisque ces médicaments permettent aux malades psychotiques de ne pas être hospitalisés et de vivre une vie sociale et professionnelle quasiment normale pour beaucoup d'entre eux. Notons qu'une prise en charge psychothérapeutique devrait être la règle avec le traitement médicamenteux.

On n'insistera jamais assez sur la nécessité pour les médecins du travail de se former en psychiatrie. Ce sont souvent des médecins pas ou trop peu avertis en matière de maladies mentales en général et de pathologies psychotiques en particulier.

5. Le miroir magique

Stéphane vivait avec sa mère, qu'il n'avait jamais quittée. C'est elle qui lui avait trouvé un modeste emploi d'aide de bureau dans cette entreprise de vente par correspondance, où elle avait été secrétaire en son temps. C'était une chance pour lui qui, à 28 ans, n'avait encore aucune qualification professionnelle. On lui avait donc donné sur le tas une formation sommaire en micro-informatique, avant de l'affecter à d'obscures tâches sur le fichier clients.

Grand, mince, le dos voûté, le regard fixé sur le bout de ses chaussures, Stéphane n'était pas très bavard. Étrange, mutique, solitaire, effacé, fuyant, un visage au sourire énigmatique et presque inquiétant. Les relations avec ses collègues se réduisaient au strict minimum requis par les besoins du service.

Son entourage le trouvait en effet un peu bizarre. Problèmes de communication, disait-on sans chercher plus loin… Stéphane avait une intelligence hors du commun. Il s'était tout de suite pris de passion pour l'informatique, à tel point qu'il passait des heures et des heures devant son écran. Il s'était mis à exceller aussi bien dans les tâches ingrates que dans les délicats problèmes posés par des programmes informatiques complexes. Absorbé devant sa console, il était comme fasciné, subjugué, voire hypnotisé. C'était comme s'il basculait ailleurs dans un autre monde, de l'autre côté du miroir de son écran magique. Son efficacité prodigieuse dans le travail était reconnue et forçait l'admiration de ses collègues, qui en oubliaient son comportement asocial. Pour sa hiérarchie, c'était un employé sans histoire, à condition de le prendre comme il était et de le laisser libre de s'organiser à sa guise.

Cela faisait déjà plus de trois ans que Stéphane travaillait dans cette entreprise sans le moindre incident. Un jour pourtant, son chef lui a fait une remarque, au demeurant bienveillante, sur un point de détail concernant un traitement de données effectué par notre jeune homme. Mal lui en prit ! Avec ses yeux clairs, le regard froid et vide, le visage dépourvu d'expression Stéphane a fixé son supérieur puis, d'un mouvement bref, il a tourné les talons et disparu sans dire un mot. On ne devait jamais plus le revoir à son poste…

Errance… C'est la police qui l'a interpellé un mois après sur la voie publique, à l'autre bout de la France. Pendant son bref internement en placement d'office dans un hôpital psychiatrique, Stéphane a fait merveille en ergothérapie à l'atelier de micro-informatique, où il a poursuivi sa singulière histoire d'amour avec ses chères machines.

Stéphane, de structure psychotique sur un registre schizophrénique, affiche les traits classiques de son organisation psychique : symbiose avec la mère, caractère asocial, passion pour une discipline abstraite (l'informatique). Avec un schizophrène, on peut appuyer sur le « bouton rouge » sans le savoir et c'est ce qui arrive lorsque son chef lui fait une remarque bienveillante mais vécue comme malveillante par Stéphane, remarque qui sera le facteur déclenchant de l'entrée dans la maladie mentale. On soulignera à quel point l'informatique restera un élément « thérapeutique » dans la maladie de Stéphane.

CHAPITRE 8

Traumatisme

1. L'horreur

Connue à l'époque sous le nom de névrose de guerre, la névrose traumatique avait d'abord été observée pendant la Première guerre mondiale dans l'armée anglaise, chez des soldats blessés ou choqués.

Elle est fréquente en milieu industriel, dans le BTP, dans les transports, dans tous les secteurs d'activité économique comportant des risques importants d'accident et de choc psychologique. Les symptômes : répétition en boucle de la scène traumatique, cauchemars récurrents et ceci pendant plus d'un mois. Ces symptômes se repèrent aussi bien chez les accidentés que chez ceux qui ont assisté à l'accident.

2. L'Africain

Pierre, cadre technique dans un grand groupe pétrolier, vient me consulter peu de temps après une mission en Afrique noire, dans un pays en proie à de violents troubles ethniques.

À l'écart de la vie politique et sociale du pays, relativement bien protégé par des gardes du corps, il n'en n'était pas moins le témoin en brousse de corps mutilés, en décomposition, de visages défigurés. Visions de cauchemar qui, dans un premier temps, ne le marquent pas outre mesure. Ce spectacle d'horreur est pour un temps masqué par la vie facile dont il bénéficie là-bas : hôtel de luxe, climatisation, nourriture raffinée, piscine et tennis ; et bien d'autres privilèges que sa compagnie donne à ses salariés en missions dans les « pays à mouches », pour utiliser le jargon maison…

C'est après son retour en France que les images en bruit de fond vont commencer à envahir ses pensées et ses nuits, dans une sorte d'enkystement. Certaines scènes repassent en boucle dans son esprit. Images obsédantes qui l'assaillent à n'importe qu'elle heure de la journée, accompagnées souvent de maux de tête violents. Il dort mal, de nombreux cauchemars le réveillent au beau milieu de la nuit, palpitations, sueurs. Quand nous nous rencontrons, cela fait plus d'un mois que ça dure. Anxieux, fatigué, il me demande de l'aide.

Si l'horreur n'est jamais banale, ce que vit Pierre l'est bel et bien. Il souffre d'une névrose traumatique. Un travail thérapeutique individuel de courte durée, accompagné d'une thérapie de groupe de quelques séances lui permettront de ne plus être assailli par ces images parasites et par les cauchemars, et de reprendre une vie psychique normale.

CHAPITRE 9

Du blues
à la dépression

1. La météo de nos humeurs

Il existe chez tout un chacun une météorologie psychique naturelle. Dans la vie, dans la journée, il y a des hauts et des bas. La dépression n'est pas une tristesse momentanée, un coup de cafard ou de blues, le spleen, ni un simple découragement. Ce n'est ni la morosité du dimanche soir avant le travail du lundi, ni la fatigue de la rentrée de septembre… La dépression ce n'est pas non plus le deuil douloureux et nécessaire après la perte d'un être cher. Les variations d'humeur ne sont pas nécessairement des signes de dépression ; pas plus que les moments, bien naturels, d'angoisse existentielle ; moments par ailleurs souhaitables, d'un certain point de vue, pour un sujet qui tenterait de se situer dans l'ordre du monde et de l'Univers, cherchant une réponse philosophique ou théologique…

2. Une maladie qui confronte à soi

La vie qui n'a plus de sens, le désir en panne, la tristesse, parfois le projet d'en finir avec la vie, la dépression est d'abord une maladie du désir. Le déprimé se retrouve en panne de désir. Il perd le goût de ce qui lui procurait auparavant du plaisir, de la jouissance : ambitions professionnelles, projets matrimoniaux, plaisirs sensuels (nourritures, sensations) ou sexuels sont si amoindris qu'ils semblent ne plus exister à ses yeux.

Le rôle de la psychanalyse : aider la personne dépressive à trouver les clefs pour relancer la machine de ses désirs. Pour cela, l'objet d'une thérapie est d'aider la personne qui déprime à renouer avec ses désirs, en les comprenant d'abord puis en acceptant de les suivre, d'obéir à ses pulsions de vie, de jouissance. La dépression est une confrontation à soi-même, et pour en guérir la personne dépressive doit accepter une véritable remise en question de son identité, elle doit partir à la recherche de ses véritables désirs, qu'elle a parfois niés.

Si la dépression est une maladie et une souffrance pour le sujet, elle peut donc être aussi, dans certaines conditions, une chance et un nouveau départ, un moment de vérité sur soi, sur sa profession et sur le monde...

Enfin, elle n'est, bien souvent, pas grave (dépression légère), mais comme la grippe, on peut en mourir (dépression majeure ou le soleil noir de la mélancolie) !

3. Se lever le matin…

Il est nécessaire et peut-être choquant d'affirmer que la dépression constitue l'état originaire de l'être humain. La dépression névrotique est un « décrochage » des objets d'amour et de désir – le déprimé se détourne des personnes, des objets ou des activités qu'il recherchait avant la dépression, parce qu'ils ou elles lui procuraient une forme de satisfaction ; c'est une régression à un état antérieur à ces objets, à l'état d'embryon, de nourrisson, à une vie essentiellement « physique et biologique ». On dit d'ailleurs souvent du déprimé par malveillance qu'il est devenu un « légume ».

En effet, il n'y a fondamentalement aucune raison de se lever le matin, à l'exception de besoins bien naturels (la faim, la soif et les fonctions digestives). Si l'on se lève, c'est à cause du désir, à cause du travail et de l'amour, c'est parce que l'on a un dossier intéressant à traiter au bureau et que l'on a rendez-vous avec une jolie femme pour dîner, et plus si affinités. La dépression névrotique (celle de tout le monde), est en quelque sorte un retour plus ou moins aigu à cette « dépression originaire » normalement masquée par la vie et son cortège de motivations et de devoirs. Le terme de dépression originaire est, il est vrai, inadapté, puisque cet état « originaire » correspond en réalité à l'attente de l'envol par l'individu, avant qu'il ne déploie ses ailes pour se lancer dans la vie. On peut donc comparer la dépression à un retour à la case « départ » accidentel, à un atterrissage forcé en quelque sorte…

Enfin, ne faut-il pas aussi considérer comme une sorte de dépression quotidienne et nécessaire, le temps de sommeil, afin que le corps et l'esprit récupèrent ? Pour s'endormir, le sujet doit abandonner ses objets de préoccupation, de désir, d'amour et de haine. Il doit retrouver sa « dépression originaire ». On sait très bien qu'une personne préoccupée par son travail, sa famille, sa femme ou ses enfants, a toutes les peines du monde à s'endormir. Le sommeil exige le désinvestissement, le « désamour », la « dépression ». Mais on ne se débarrasse pas si facilement de ses objets de désir, d'amour et de haine lorsqu'ils monopolisent nos rêves ou nos cauchemars…

4. Panne de réveil

Gérard avait mis son réveil à 6 h, comme chaque matin. Il a bien entendu le réveil, mais ce matin, il reste au lit.

Directeur d'une unité importante dans un groupe de services informatiques. Ça n'allait pas très bien depuis un mois. Pas la pêche, démotivé, sombres pensées. Il vient de voir « Des hommes et des dieux »… Cinquante-trois ans, réussite professionnelle, réussite sociale, réussite financière, une BMW, un appartement de 200 m² à Neuilly, une résidence secondaire en Normandie. Tout pour être heureux. Pourtant la vie de ces moines l'a bouleversé. Le luxe, c'est la pauvreté…

Il somnole dans son lit et rumine. Son épouse oisive, qui consacre ses journées à faire du shopping dans des magasins de luxe. Un fils aîné qui sèche ses cours à l'ESSEC pour se pavaner en voiture de sport. Et flirte avec la cocaïne aussi, il le voit bien, mais il ferme les yeux… Son jeune frère, en échec scolaire au lycée, scotché à sa console de jeux. C'est vrai, il fait des journées de plus de dix heures, trop de voyages d'affaires. Il ne les a pas beaucoup vus, mais surtout, ils ne se sont pas beaucoup parlé.

Sa femme le retrouve le soir en pyjama devant la télévision en train de regarder une série quelconque. Il regarde son épouse, ahuri, hébété, dans un état stuporeux. Effrayée, elle lui demande ce qui lui arrive. « Une vie de con, une vie de con… » marmonne-t-il. Elle appelle « SOS Médecins ». Dépression majeure aiguë. Le médecin propose à Gérard de se faire hospitaliser le soir même… Il se laisse faire. Taxi, l'hospitalisation se fait en urgence…

CHAPITRE 10

La vie en gris

1. Les premiers signes

La dépression menace (ou a déjà commencé son œuvre) quand la personne se sent à bout, avec un sentiment permanent de manquer d'énergie.

Le dépressif est envahi par une tristesse sans explication. Il lui devient difficile de prendre part aux réjouissances familiales, amicales, et plus encore professionnelles. Si la tristesse est un sentiment normal, c'est son intensité qui indique son caractère pathologique. Dans la dépression, quelle que soit sa gravité, le sentiment de tristesse est la règle. La personne dépressive manifeste une hypersensibilité émotionnelle : elle a tendance à pleurer « pour un oui ou pour un non ».

Le déprimé, qui perd son tonus musculaire (asthénie), a une démarche lente, pesante et hésitante. Il traîne. Il n'a pas envie de sortir, ni de rencontrer d'autres personnes. Les gestes simples du quotidien – se laver, faire les courses, faire la cuisine, prendre le métro, travailler – sont devenus difficiles, parfois un véritable calvaire.

Parfois, au contraire, la personne déprimée développe une hyperactivité (hypomanie) pour lutter contre sa dépression. Elle multiplie ses sorties, travaille tard, rentre tard, consacre son énergie aux activités domestiques, vit la nuit. Une jovialité excessive, le rire, la multiplication de contacts sociaux, peuvent être les signes d'une dépression installée.

L'anxiété, plus ou moins importante, est toujours présente dans le tableau clinique du dépressif, avec parfois des manifestations somatiques : gorge serrée, difficultés respiratoires, palpitations, maux de tête, vertiges, douleurs articulatoires, tremblements, problèmes digestifs, spasmes, perturbation ou interruption des règles pour les femmes, dérèglement de la

tension artérielle, troubles de la vue et de l'audition, douleurs diverses. Parfois, le sujet a le sentiment d'une catastrophe imminente.

La vie a perdu son sens ; elle n'a plus ni goût ni couleur. Le
malade se sent vide, envahi d'un sentiment d'inutilité, d'abandon et de solitude. Il a l'impression de ne pas être aimé et de
n'avoir rien à dire. En même temps, sa propre capacité à
aimer est altérée : famille, femme, enfants, amis, collègues de
travail, ne font plus le poids. Ses objets d'amour – personnes,
objets, activités – sont désinvestis dans un repli narcissique.
Il s'agit alors d'un narcissisme autiste, puisque le regard des
autres n'a plus vraiment d'importance.

Pour le déprimé, le monde est trop compliqué. Il croit qu'il
ne peut pas y faire face ni s'y adapter. Il est pessimiste
sur l'avenir du monde, il a d'ailleurs du mal à envisager un
avenir pour son propre compte… Il pourrait faire sienne
cette maxime bouddhique : on ne voit pas le monde tel
qu'il est, mais tel que l'on est… bien souvent, il devient irritable, voire agressif.

2. Panne de désir...

Parmi les symptômes de la dépression, certains peuvent perturber sérieusement, voire empêcher l'activité professionnelle du dépressif. Ce dernier doit alors s'arrêter de travailler.

On observe chez le déprimé un ralentissement intellectuel (psychasthénie). Il présente des difficultés à réfléchir, à se concentrer, à soutenir son attention et à procéder à des opérations mentales simples. En cas de dépression majeure, il est généralement incapable de travailler. Il a du mal à expédier les affaires courantes. Sa parole est lente, traînante, éteinte et sans relief, son visage inexpressif. Il peine à trouver ses mots. Il n'a d'ailleurs pas envie de parler. Les quelques sujets qui le préoccupent prennent la forme d'interminables ruminations, qui le démoralisent. À l'inverse, il peut avoir une impression de « tête vide ». Il a du mal à retenir ce qu'il vient de lire, sa mémoire est souvent altérée et il a du mal à associer des idées. D'une façon générale, la personne dépressive se sent incapable de la moindre initiative.

Le malade souffre en général soit d'insomnie, soit d'hypersomnie (le sommeil devient un refuge où fuir la réalité). Son sommeil est généralement de mauvaise qualité, moins profond et peu réparateur. Il se réveille aussi fatigué qu'au couché. Le réveil est souvent précoce, au petit matin, avec l'impossibilité de se rendormir. Sans sommeil, sans énergie, se lever pour une journée sans autre perspective que celle d'aller travailler est alors un calvaire pour lui.

Les troubles de l'alimentation sont fréquents chez le déprimé : suralimentation, grignotage, mais aussi absence d'appétit. Les aliments paraissent sans saveur. La préparation des repas est vécue comme une corvée. Les horaires

des repas sont souvent irréguliers et les menus très déséqui-
librés. Parfois, le grignotage s'installe et s'étend au point de
faire disparaître les repas. Une prise de poids ou un amaigrissement rapides ne sont pas rares.

Il arrive que le déprimé se mette à abuser de l'alcool et du
tabac, voire commence à consommer des stupéfiants. L'uti-
lisation de ces produits a davantage pour fonction de
calmer son angoisse, que de lui procurer du plaisir. L'addiction peut aller jusqu'à rendre un salarié dépressif totalement
incapable de travailler, ou simplement provoquer des erreurs
professionnelles.

Le sentiment d'ennui domine. Le malade n'a de plaisir à
rien, ni dans son travail, ni à ce qui occupait normalement
ses loisirs. Les petits plaisirs de la vie ont disparu (anhédo-
nisme). Tout lui paraît indifférent, terne et sans intérêt. Il est
anesthésié à tout sentiment de satisfaction.

La perte de l'estime de soi et la dévalorisation de soi
(notamment dans le travail) sont pratiquement toujours pré-
sentes. Le malade se considère comme un bon à rien. Le
sentiment de culpabilité est fréquent. Le déprimé voit sa vie
uniquement sous l'angle négatif : il a raté sa vie, c'est ainsi !
Ses exigences de vie, ses exigences professionnelles, ses
exigences morales sont trop élevées et il a le sentiment de
ne pas être à la hauteur, qu'il n'y arrivera jamais. Il ignore,
ou refuse d'admettre, que la perfection n'est pas de ce
monde et son idéal de lui-même est trop élevé. Dans le
domaine professionnel, le « pas le droit à l'erreur », la qualité
totale et le « zéro défaut » sont des exigences qui accentuent
sa dépression.

3. Rester vigilant

Les tentatives de suicide concernent essentiellement les malades souffrant de dépression majeure. Toute personne évoquant la possibilité d'un suicide doit être prise au sérieux. Le simple fait pour le sujet de pouvoir exprimer ses idées noires, voire son projet de suicide, suffit souvent à éviter le drame.

Il existe des signes avant-coureurs du suicide. Il convient pour l'entourage (famille, conjoint, ami, collègue de travail) d'être attentif à des paroles ou à des actes annonciateurs. Le sujet évoque son souhait de rejoindre des êtres chers et disparus. Il fait don d'objets précieux ou investis affectivement. Il prend subitement des dispositions testamentaires. Il prend contact avec plusieurs personnes pour les remercier ou leur demander pardon. Une guérison brutale et soudaine n'est pas toujours un bon signe et peut annoncer un passage à l'acte proche : le calme est en effet revenu pour le malade parce qu'il a la perspective de mettre bientôt fin à ses souffrances…

Changement de cap

1. Vive la dépression !

Vive la dépression, si la dépression est légère. Vive la dépression si elle indique au sujet qu'il s'est trompé de vie, de profession, de pays et de femme ! Faire des études pour plaire à ses parents, accepter un poste dans une entreprise pour avoir une bonne situation, s'expatrier aux États-Unis pour avoir une expérience « made in USA », se marier avec une femme parce qu'elle est de bonne famille : nous faisons parfois des choix de vie qui ne correspondent pas à nos désirs. Réussir socialement et réussir sa vie, cela coïncide parfois, mais souvent ce n'est pas la même chose. Sortez le désir par la porte de la raison et voilà qu'il revient par la fenêtre à 30 ou 40 ans ! On l'a dit, la dépression est une panne du désir, de la capacité à se projeter vers un but, comme une capacité à jouir de la vie qui s'éteint, se bloque... Beaucoup de dépressions sont dues à la prise de conscience brutale que l'on est en train de passer à côté de sa vie, à côté de son désir. Paradoxe, une « bonne nouvelle » – une promotion à un poste dans une vie professionnelle que l'on exècre – peut ainsi être le facteur déclenchant d'une dépression.

La dépression, quand elle vient assez tôt, est donc une chance. Elle invite (avec l'aide d'un psychanalyste) à faire le point sur son désir ; à confronter désir et réalité ; à réfléchir sur ce qu'il est possible et ce qu'il n'est pas possible de mettre en œuvre pour changer de vie ; à envisager de changer de profession, d'entreprise, de pays ou de femme... La dépression, c'est aussi l'occasion de rompre avec l'entreprise en tant que système aliénant. Nombreux sont ceux qui, saturés d'une vie professionnelle oppressante, sous la pression des exigences hiérarchiques, ponctuée par le rythme des « heures sup » et les objectifs trimestriels, subissent de plein fouet une dépression... pour s'orienter ensuite vers une seconde vie professionnelle. Création de leur propre PME, artisanat, métiers « de contact », mi-temps, les exemples fourmillent !

En forçant le trait, disons qu'il vaut mieux déprimer jeune pour « refaire sa vie », selon l'expression consacrée. Cependant, quel que soit l'âge, il y a toujours quelque chose à faire pour opérer des réglages dans sa vie. (cf. Chapitre 4.5, le cas de l'homme d'acier). Attention cependant, dans tous les cas cela restera un compromis entre votre désir et la réalité, en fonction de votre âge et de votre parcours professionnel et de vos diverses contraintes sociales, familiales, financières...

2. Le théâtreux

Bertrand vient d'avoir une promotion dans son groupe, spécialisé dans la grande distribution de produits d'hygiène et de cosmétiques. Il est donc responsable d'une grosse unité du groupe avec une substantielle augmentation de rémunération. Directeur général à 42 ans, le rêve ? Et bien non. Trois mois après sa nouvelle affectation, Bertrand vient me trouver pour me demander de l'aide.

Il ne va pas bien du tout. Il dort mal, se réveille la nuit, angoissé. Il se lève le matin épuisé, manque d'appétit. Il boit plus que de raison le soir en arrivant de son travail pour « atterrir ». Bertrand n'a plus goût à rien, ni pour son travail, ni pour sa femme avec qui il n'a plus de relation sexuelle depuis plus de trois mois. Il sort peu, lui qui aimait tant la nuit, les bars, le jazz. Il n'a envie de voir personne, lui qui était un homme social avec des amis de qualité. La seule chose qui l'intéresse encore, c'est son fils unique, un garçon de 12 ans, avec qui il apprécie d'aller au cinéma et au théâtre. Le théâtre sa passion…

Comédien amateur au lycée puis à HEC, avec de bonnes dispositions, Bertrand a longuement hésité entre une carrière de « saltimbanque » et un « métier sérieux » selon les termes de son père, directeur financier dans une grande banque. Mariage de carpe et de lapin entre ses parents, puisque sa mère était professeur de danse classique. Elle le soutenait d'ailleurs dans son désir d'être artiste. Il a finalement suivi la voie de la « raison », la direction que lui indiquait son père. Tout a été très vite, il a réussi son parcours sans faute, mais aussi sans passion. Des études à HEC, des postes « intéressants » dans différentes entreprises et puis ce « couronnement » *via* ce poste de directeur général.

Bien qu'il ait arrêté de jouer par manque de temps, mais surtout par interdit, Bertrand avait pourtant continué à se passionner pour le théâtre en spectateur. D'ailleurs le « théâtre » est encore présent dans sa vie grâce à sa femme, actrice de cinéma qui parvient à jouer régulièrement dans de petits rôles.

Bertrand, rattrapé par son désir bridé à l'occasion de cette promotion, souffre d'une banale dépression névrotique. Dépression banale mais, dans son cas, salutaire. C'est sur cette impasse en forme de « réussite » qu'il a travaillé en psychothérapie. Il a fait le choix d'une réorientation professionnelle à l'issue de ce travail thérapeutique. Bien sûr, il n'était plus question de devenir « saltimbanque » à son âge, mais il a trouvé chaussure à son pied, un compromis entre ses contraintes de vie et son désir, en s'orientant vers le management culturel grâce à un poste d'envergure dans une *major company* du cinéma américain – un poste plus proche de son désir. Désormais en missions dans des festivals à Cannes, à Venise, à Berlin, à Deauville ou Locarno, il côtoie et retrouve enfin ce qui l'a toujours hanté : l'univers du spectacle.

CHAPITRE 12

La performance
à l'épreuve du réel

1. Société et dépression

La dépression a existé de tous temps, de l'Antiquité jusqu'à nos jours. Elle est présente dans toutes les civilisations. Elle touche toutes les classes sociales et toutes les professions, de l'ouvrier au manager, du citoyen anonyme au responsable politique. Elle concerne aussi bien la ménagère que la star du show business ou le retraité... Homme ou femme, elle peut atteindre chacun de nous, à tout âge.

La dépression semble pourtant plus fréquente aujourd'hui qu'autrefois et touche plus les pays « occidentaux ». Les sociétés modernes, en développant l'individualisme, on effectivement permis l'émergence d'un « sujet » disposant d'une liberté subjective : la liberté de se positionner comme il l'entend par rapport à l'identité dont il a hérité (famille, milieu social, capital culturel...). Cadeau empoisonné, pour certains. En effet, libéré des cadres coercitifs mais structurants des sociétés traditionnelles holistes, chacun de nous est désormais responsable de construire son identité psychique à partir de l'identité « de base » qu'il a reçue... Pas facile à assumer ! C'est même si délicat à accomplir que de très nombreux individus, déboussolés par le « manque » de règles et d'interdits, peinent à se forger une identité en phase avec leurs désirs, ce qui est à l'origine de nombreuses dépressions.

Mais revenons à l'Occident, cette civilisation individualiste, narcissique, obsédée par la performance et la réussite sociale. En Occident, la vie est un sport, il faut être gagnant ! Tout le monde sait bien que dans toute discipline sportive il y a nécessairement un seul gagnant et trop de perdants. La civilisation occidentale génère ainsi statistiquement une société de frustrés. À cela s'ajoute la perte des repères symboliques, familiaux, professionnels, syndicaux, politiques et religieux. À cela s'ajoute l'injonction au dynamisme, à avoir la pêche, à l'agitation professionnelle, à la performance sexuelle et sportive. Tous les ingrédients sont là pour que la dépression touche de plein fouet les individus qui ne savent pas prendre suffisamment de recul face aux multiples exigences de la société postmoderne.

De plus, la réussite sociale se transforme en course à la consommation. Consommer, massivement, rapidement, un signe ostentatoire de réussite… ! Si la propagande de tout tyran est de décréter le sourire, la joie, le bonheur et l'optimisme obligatoire, alors dans le capitalisme postmoderne le marché et l'obligation de consommer ont pris la place du tyran. Pour le tyran, la dépression est antisociale. Je consomme, donc je suis… Consommer, un médicament contre la dépression. La consommation obligatoire contre la dépression !

Les entreprises, qui y voient leur intérêt, nourrissent cette frénésie de consommation, alimentent les fantasmes des individus, en flattant leurs désirs de jouissance. Jamais les services marketing n'ont été si florissants, ni la publicité aussi prégnante dans nos sociétés occidentales qu'au XXIe siècle. Ces formes de communication, qui vantent de nouveaux modes de vie et qui s'adressent avec un art consommé à nos fantasmes, à notre inconscient, repoussent subrepticement les frontières de la norme, de la Loi sociale.

Que deviennent alors les « électrons libres », les personnes en état limite (narcissiques) ? Une société où les frontières entre la norme et la Loi sont brouillées, qui incite à la transgression (le porno « trash », par exemple), au culte du corps et de l'image, à dépasser ses limites, à écouter ses pulsions, fragilise les personnes de structure limite. Elles basculent d'autant plus facilement vers leur pôle pervers ou psychotique. Une explication probable de l'augmentation constante des cas de structures narcissiques rencontrés par les psychanalystes dans leurs cabinets.

2. La traversée du fantasme

La dépression fait peur, parce qu'elle donne accès à la « Vérité », à la vacuité du monde et des choses... La dépression rend lucide et personne n'a fondamentalement envie de savoir quelque chose du Réel. Nous ferons ici référence aux registres réel, symbolique et imaginaire (RSI) de J. Lacan.

Nombreux sont les psychanalystes qui se sont intéressés à la dépression. S. Freud bien entendu, quand il écrit *Deuil et mélancolie*, mais aussi M. Klein ou J. Lacan. Du point de vue de la psychanalyse, ce qui fait souffrir le déprimé c'est de tenter de s'accrocher encore au symbolique (les signifiants) dont il s'est servi jusque-là pour « décoder » le monde, et auxquels il ne croit pourtant plus vraiment.

Le dépressif a la nostalgie d'un état biologique archaïque, sans signifiant, sans désir, exempt de sentiment de manque ou d'absence, constitué uniquement de besoins, qui sont d'ailleurs comblés – état qui est en gros celui du fœtus et du nourrisson (le Réel selon Lacan). Or, ce réel est perdu et inaccessible dès lors que l'individu se développe et acquiert un registre symbolique (le langage), car l'intelligence et les sens humains sont trop limités pour appréhender le monde dans sa totalité et sa complexité. Le réel devient alors une chose indéfinissable, insaisissable, ce qui est source de mal-être. La dépression, de ce point de vue, est un conflit entre la nostalgie d'un bien-être biologique disparu et un registre symbolique impuissant à donner un sens au monde et à appréhender ses propres désirs, mais auquel le sujet s'agrippe pourtant comme à une bouée de sauvetage (qui n'existe plus).

Ce phénomène est particulièrement manifeste dans la dépression majeure. Cependant la structure névrotique

156

permet généralement au sujet de rebondir sur du symbolique, sur de l'imaginaire, sur des signifiants ; avec moins d'illusions, mais de façon plus solide. La dépression constitue ainsi une sorte de « tabula rasa ». Une dépression, c'est une traversée du fantasme, dirait Lacan. N'est-ce pas la fonction de l'analyse, de créer une dépression « artificielle » pour traverser le fantasme et reconstruire un moi en accord avec ses désirs ? Mais pour beaucoup, ce sont les accidents de la vie qui se transforment en leçons de philosophie, en passant par la « case » dépression…

Il n'est pas rare ainsi que la dépression survienne après l'arrachement à un « paradis perdu ». Un travail dont on est renvoyé, une femme aimée qui vient de mourir… On ne retrouve pas si facilement un paradis perdu. C'est un travail de deuil difficile qu'il convient généralement de faire. Il s'agit ici souvent d'une dépression majeure.

On ne guérit pas d'être mortel, mais : « Il n'est si longue nuit qui n'atteigne l'aurore. » (W. Shakespeare, *Macbeth*).

3. Face au vide de la réalité !

Les non-dupes errent, disait Lacan. C'est bien joli de ne pas être dupe, mais il faut continuer de vivre, rebondir... Et l'on ne peut rebondir que dans le registre imaginaire : famille, amour, démocratie, travail, socialisme, droits de l'homme, humanisme et toutes les choses qui sont sensées nous occuper pendant notre bref passage sur terre.

C'est vrai, le sujet a rebondi, il est sorti d'une dépression tout compte fait salutaire. Mais il est resté un peu triste après avoir découvert le dérisoire de toutes choses, il s'est calmé, il ne souffre plus vraiment, mise à part son angoisse existentielle inanalysable. Maintenant il « sait ». Demandez-lui s'il regrette sa dépression. Il répondra non, cette dépression aura été pour lui un privilège et la souffrance le prix à payer de la « Vérité ». Il s'est calmé et a renoncé aux querelles de famille et de couple, à l'obsession de la recherche du bonheur, à l'obsession de la consommation, aux querelles politiques, aux guerres de religion et philosophiques... Il a compris l'importance de ses désirs, mais aussi qu'il ne les comblera pas, parce qu'il ne peut retrouver le réel, le paradis perdu exempt de manques qu'il a quitté peu après sa naissance. Il sait qu'il n'aura pas de réponse à la question de savoir ce qu'il fait sur terre. Il est devenu un « sage »... Cette prise de distance est salutaire pour le sujet dans le monde de l'entreprise. Mieux vaut ne pas trop en demander à son N+1 et à son travail. Mieux vaut être conscient que ce n'est pas à son N+1 qu'il faut demander de « l'amour »...

CHAPITRE 13

La dépression n'a pas bonne presse en entreprise

1. L'arrêt de travail et l'hospitalisation

Un arrêt de travail est nécessaire pour une dépression majeure. Dans ce cas, le malade est incapable de faire quoi que ce soit sur le plan professionnel ; alors que pour une dépression légère ou moyenne, le lien social conservé dans le travail est un élément positif.

Malheureusement, dans le monde de l'entreprise, l'arrêt de travail pour dépression est mal vu, alors que c'est très chic de s'arrêter pour une jambe cassée en faisant du ski dans une station de sports d'hiver à la mode. Malgré le secret médical, les raisons de l'arrêt de travail ne trompent personne. Les sociétés postmodernes, avec leur injonction au dynamisme et à l'agitation, ne supportent pas la dépression. Un seul mot d'ordre : avoir la pêche. Le déprimé, avec sa lucidité et son accès au réel est menaçant. Le déprimé est asocial, il se refuse de participer à la production, à la consommation, aux illusions et à la pensée conformiste...

Pour les dépressions les plus graves, le retour au travail peut se faire, si nécessaire, avec un temps partiel thérapeutique.

L'hospitalisation est souvent nécessaire pour les dépressions majeures. Elle s'impose lorsqu'il y a une perte d'autonomie ou un risque de suicide important. L'hospitalisation permet au déprimé d'être malade sans avoir à cacher sa maladie. En placement libre (avec le consentement du patient), elle est en principe de 15 jours à trois semaines.

2. La vue sur la Tour Eiffel

Après un arrêt maladie pour une dépression majeure, Gérard reprend le travail. Pourtant il ne prend plus les antidépresseurs prescrits. Son N+1 le reçoit avec une amabilité à la fois gênée et hypocrite. Il lui annonce qu'il a été muté comme directeur d'un service d'études. Il le persuade que c'est un poste intéressant, bien adapté pour lui, qui avait souvent exprimé son souhait de faire du développement. Il aura une assistante, un ingénieur proche de la retraite et deux jeunes stagiaires, un petit bureau mais avec vue sur la Tour Eiffel.

Dans les couloirs, on le salue avec un sourire pincé. On l'envoie dans des réunions sans importance au Ministère de l'industrie pour faire le bouche-trou. On l'envoie dans des colloques sans enjeu : « Informatique et humanisme » à la Maison de la chimie, « L'Islam et Internet » à Dubaï, « Informatique sans frontières » à la Cité des sciences…

Au restaurant d'entreprise, il déjeune généralement seul ou, quelques fois, avec son ingénieur qui lui parle de ses projets après la retraite. Il écoute ennuyé. Pour Gérard, la retraite c'est encore loin… Il vient tout juste de retrouver cette entreprise qu'il avait pourtant fini par prendre en grippe. Mais que faire d'autre ?

Des médicaments et une hospitalisation avaient été nécessaires et efficaces pour Gérard. On lui avait suggéré à sa sortie de l'hôpital de continuer à prendre des antidépresseurs pendant au moins six mois à un an et d'entamer une psychothérapie. On lui avait donné une adresse. Il n'a pas sauté le pas, et rien n'a finalement changé dans son univers psychique, ni dans sa vie après son épisode dépressif ; si, l'ennui s'est installé. Huit mois plus tard, après sa reprise du travail, Gérard fera une tentative de suicide…

3. L'aveu

Dans *Extension du domaine de la lutte* de M. Houellebecq, l'informaticien attend passivement le verdict du psychiatre avant de l'annoncer avec indifférence à son chef de bureau :

« D'emblée je l'informe que je suis en dépression ; il accuse le coup puis se reprend. Ensuite l'entretien ronronne agréablement pendant une demi-heure, mais je sais que dorénavant s'est élevé entre nous comme un mur invisible (…) à ses yeux, je n'existe même plus vraiment ; je suis déchu. De toute façon je sais qu'il veut me renvoyer dès que mes deux mois légaux d'arrêt maladie seront épuisés ; c'est ce qu'il fait toujours en cas de dépression ; j'ai eu des exemples. »

CHAPITRE 14

Vivre ou mourir ?

1. Tirer sa révérence

On ne choisit pas le jour de sa naissance mais on peut choisir celui de sa mort. Nous sommes libres de faire notre révérence, quand nous avons accompli notre mission sur terre, parce que l'on ne veut plus subir la souffrance d'une maladie grave. À ce titre le suicide est un acte de liberté, un acte de maîtrise et peut-être un moyen de se venger de ne pas avoir pu choisir de naître ou de ne pas naître. De ce point de vue, le premier responsable d'un suicide est l'individu lui-même, au moins pour le sujet de structure névrotique (cf. Chapitre 2), et non telle ou telle personne et certainement pas son N+1, son collègue ou l'organisation du travail…

Le stoïcisme a revendiqué cet acte de liberté. Se détacher des biens matériels, s'émanciper des passions qui font souffrir les hommes, et notamment de la peur de mourir. En dernier recours, disposer de son sort en affrontant sereinement la mort. On pense à Sénèque. Acte de liberté ou servilité par rapport à Néron ? … Le suicide comme question philosophique, c'est la position d'A. Camus qui écrit dans le mythe de Sisyphe : « Il n'y a qu'un problème philosophique vraiment sérieux : c'est le suicide. Juger que la vie vaut ou ne vaut pas d'être vécue, c'est répondre à la question fondamentale de la philosophie. ». La vie, l'amour, le travail et la mort donc… Peut-être, mais le suicide supprime l'individu et le problème philosophique. Se suicider parce que la vie n'a pas de sens ? Alors si la vie n'a pas de sens, la mort n'a pas de sens non plus. Dans ces conditions, pourquoi se suicider ?

La vie comme un devoir ? C'est la position de S. Freud. Le seul et unique devoir pour chaque être humain est d'avoir à supporter la vie, affirmait-il. Pourtant, vieux, souffrant le martyre à cause de son cancer, il se fait euthanasier à la morphine par son médecin après en avoir parlé à sa chère fille Anna. Freud avait fait des enfants, il avait fait son œuvre, il avait fait son temps… Il souffrait, il avait donc pris le droit de dire au revoir.

2. L'anomie

E. Durkheim écrit son essai le suicide en 1897. Il souligne l'anomie sociale – la disparition ou l'affaiblissement du poids des règles sociales sur les individus – comme facteur de suicides dans une société. À ce titre, il observe une plus grande propension à se suicider chez les protestants (religion de la liberté de conscience) que chez les catholiques (religion de la soumission à l'autorité du Pape, qui interdit le suicide). La liberté individuelle et de façon plus générale la disparition des points de repères traditionnels favoriseraient le suicide.

La position de Durkheim est intéressante et n'a pas pris une ride dans une société occidentale où les repères familiaux, religieux, politiques, professionnels et syndicaux sont en crise ; où les repères symboliques dans le monde de l'entreprise sont en crise, l'entreprise étant considérée comme un des multiples reflets de la société globale.

Il est clair, en effet, que l'entreprise, autrefois pilier des sociétés occidentales centrées sur la valeur travail, n'est plus l'institution structurante qu'elle constituait jusque pendant l'ère des révolutions industrielles. Le corporatisme était alors puissant, et embrasser une profession signifiait aussi intégrer un groupe social, en adopter les règles et l'identité. De plus, toute la carrière d'un travailleur se déroulait dans une seule entreprise, sous le patronage souvent paternaliste du chef d'entreprise, sur le modèle initié par le magnat de l'automobile H. Ford, propice à l'établissement de règles sociales partagées (car imposées).

Enfin, c'est l'anomie de la société dans son ensemble qui trouve à s'exprimer dans l'entreprise, par la psychologisation des relations dans le travail. Les activités du domaine tertiaire sont désormais le secteur dominant en Occident. Or, ces activités mettent en jeu autant le savoir-être que le savoir-faire dans le travail. Les salariés ne sont plus seulement jugés à l'aune de leurs performances professionnelles mais sur leur personnalité. Dans des conditions de management complexes, avec des syndicats affaiblis et un encadrement juridique impuissant, les comportements de harcèlement moral se multiplient. Symboles d'un affaiblissement des règles sociales, qui laisse le champ libre à l'expression des pulsions personnelles (manager pervers ou narcissique), avec leurs conséquences (harcèlement moral, harcèlement sexuel, dépression).

Pour autant, on ne peut tenir l'entreprise pour responsable de ces dérives, au dénouement parfois tragique.

3. Werther dans l'entreprise

On se suicide pour des raisons diverses : amoureuses – on se souvient de l'épidémie de suicide en sont temps après la publication des *Souffrances du jeune Werther* de J. W. Gœthe, politiques (J. Palach), religieuses (terrorisme), d'honneur (le général romain vaincu). On se suicide pour maîtriser sa vie (les stoïciens), pour échapper à la souffrance (S. Freud), parce que la vie n'a pas de sens (les nihilistes), pour la survie du groupe (le suicide des vieillards esquimaux), sans oublier tous les suicidés de l'art et de la littérature. Est-ce que l'on se suicide à cause de son travail ?

On se souvient aussi de « l'épidémie » assez récente de suicides dans certaines entreprises françaises. Ces faits de société constituent un bon exemple de la confusion avec laquelle ces tragiques évènements ont été traités. Chacun y va de son couplet. Les médias pour donner une publicité malsaine à des faits qui ne regardent que la victime, sa famille et ses amis. Des syndicats qui profitent des évènements pour se faire de la publicité. Une direction générale complètement dépassée par les évènements et ne comprenant rien à la sensibilité du fonctionnement de l'être humain.

D'abord on ne se suicide pas plus dans les grandes entreprises que dans la société globale. Faire le lien entre des mauvaises conditions de travail et le suicide n'a aucun sens. C'est pourtant ce lien que les syndicats aiment à mettre en avant. Si les conditions de travail sont mauvaises, que les syndicats fassent leur travail, c'est de bonne guerre. Mais lier conditions de travail et suicide, c'est au mieux une erreur, au pire immoral ; en rendant ainsi responsable une direction sans doute incompétente en matière de relations humaines, mais certainement pas responsable de suicides.

Si anomie il y a dans ces entreprises, elle n'est que le reflet de l'anomie ambiante dans la société globale (cf. Chapitre 14.2), anomie qui se rencontre dans toute organisation, dans toute institution. Pour qu'un système soit la cause plausible d'un suicide, il faut *a minima* que ses portes soient « fermées » : prison, camp d'extermination, le 93 rue Lauriston, etc. On en n'est pas là dans les grandes entreprises françaises.

Ce que l'on peut concéder : de même qu'il existe un arbre des causes dans un accident du travail, il existe un arbre des causes dans tout suicide, incluant le facteur « travail ». Dans un accident du travail, s'il existe des causes professionnelles (mauvais état d'une machine), il y a aussi des causes non professionnelles (maladie, excès de fatigue et rythme de vie en surrégime – y compris en dehors du travail). Par analogie, peut être que le suicidé a été harcelé par son N+1, mais il devait en plus se confronter à des difficultés familiales, affectives, financières ou de santé. Ça fait parfois beaucoup pour un seul homme…

Mais alors pourquoi se suicider sur son lieu de travail ? L'entreprise, principale institution sociale, est une scène de théâtre idéale, avec des spectateurs, pour dire au revoir. Quand on a raté sa vie, autant réussir sa mort…

Enfin, on soulignera que, dans les cas de mélancolie ou de psychose bipolaire (maniacodépressive), le suicide a d'abord pour objectif de mettre fin à une angoisse existentielle insoutenable, qui n'est pas liée directement au travail, quand bien même l'environnement professionnel est un cadre où cette angoisse trouve à s'exprimer.

4. Une question de pathologie

Il est rare que la « cause » d'un suicide soit unique. Ce que l'on observe, si l'on fait l'autopsie psychologique des morts par suicide, est que 90 à 95 % des suicidés présentent des troubles psychiatriques graves. Ainsi, les causes classiques à l'origine d'un suicide sont : la dépression névrotique majeure, la mélancolie, les troubles bipolaires et les psychoses (cf. Chapitre 7.4).

Dans la structure névrotique (cf. Chapitre 2), le sujet dresse le procès de sa vie. Il y a le plus souvent une superposition de difficultés qui conduisent l'individu à l'acte suicidaire : problèmes familiaux, amoureux, sexuels, financiers, professionnels, etc. Le travail, oui, mais jamais seul. Il n'est pas rare que cette accumulation de difficultés provoque ainsi une dépression névrotique majeure avec un risque de suicide important. Pour le déprimé il y a toujours un préjudice au moi. Le suicide est dans son cas toujours lié à une dégradation douloureuse pour lui de l'image qu'il avait de lui-même (une blessure narcissique)… Le suicide se déroule alors soit dans un passage à l'acte, soit dans un acte prémédité et préparé de longue date.

Dans la mélancolie et les troubles bipolaires, ce n'est pas que le malade ait envie de mourir, mais la mort est le moyen le plus efficace pour échapper à une angoisse insupportable. La mort est alors comme un anxiolytique à la fois radical et irréversible…

Enfin, dans les psychoses, le malade se suicide pour échapper à l'angoisse, mais aussi pour mettre en acte un délire. (« Il fait beau, un beau temps pour aller voler, j'ouvre la fenêtre pour m'envoler… »).

SYNTHÈSE

Psychanalyse (Structures)		Psychiatrie (Pathologies)
– névrotique	– hystérique	– névrose d'angoisse – névrose phobique – névrose hystérique (hystérie de conversion) – dépression
	– obsessionnelle	– névrose obsessionnelle – dépression
– limite (ou narcissique)	– pôle pseudo-névrotique – pôle pervers – pôle psychotique	– addictions (toxicomanies, anorexie et boulimie, hyperactivité, etc.) – maladies psychosomatiques
– perverse		– fétichisme – voyeurisme et exhibitionnisme – sadisme et masochisme – pédophilie – zoophilie – nécrophilie, etc.
– psychotique		– paranoïa – schizophrénie – psychose hallucinatoire chronique, etc.

CONCLUSION

Nous voilà arrivés au terme de ce voyage au pays des structures psychiques, voyage initiatique, sans doute, pour beaucoup de lecteurs. Bien évidemment, ce n'est qu'une faible partie de la théorie psychanalytique que nous avons présentée ici, celle qui peut intéresser en premier lieu le praticien de l'entreprise. Nous espérons que ces éléments d'information lui donneront une plus grande « sensibilité clinique » dans l'exercice de son métier, sans pour autant qu'il se croie obligé de tout « psychologiser ».

Freud pensait qu'il y avait trois métiers « impossibles » : gouverner, enseigner et psychanalyser – trois métiers de la relation. Il exigeait du psychanalyste qu'il soit lui-même psychanalysé. Sans doute pensait-il que ce ne serait pas une mauvaise chose non plus pour gouverner et enseigner… Gouverner, c'est-à-dire manager. Manager, c'est-à-dire agir sur les hommes et les choses. Comment peut-on prétendre agir sur les hommes, alors que l'on n'a pas fait un travail personnel sur ce désir de gouverner ? Comment peut-on être consultant, coach, psychologue du travail, médecin du travail, si l'on n'a pas fait un travail personnel sur son désir d'aider ? La cure psychanalytique, qui se limitait à soigner les névroses dans une perspective médicale, s'est vue assigner un autre objectif depuis Lacan : travailler sur sa souffrance psychique mais aussi travailler sur son désir, sur la vie, l'amour, la mort, travailler sur son parcours professionnel.

Et si cet ouvrage a donné l'envie de s'engager dans la grande aventure d'une psychanalyse personnelle, il aura atteint un autre objectif.

Composé par Sandrine Rénier